卅立回眸

上海炎黄文化研究会三十年

上海炎黄文化研究会主编

上海社会科学院出版社
SHANGHAI ACADEMY OF SOCIAL SCIENCES PRESS

第五卷
墨彩华章

陈志强 陆廷 / 编

编委会

顾问

周慕尧　杨益萍

委员（以姓氏笔画为序）

马　军　王源康　孔庆然　朱丽霞
刘　平　刘梁剑　杨剑龙　杨锡高
李志茗　汪　澜　陆　廷　陈志强
陈忠伟　金　波　郑土有　赵　宏
曹金荣　巢卫群　潘为民

序

上海炎黄文化研究会自1994年4月成立,迄今已走过三十年的历程。

三十年来,在上海市社联的指导下,在老会长陈沂、庄晓天、周慕尧、杨益萍等领衔的历届理事会的悉心耕耘下,研究会聚集起一大批沪上人文学科的专家学者及热心于中华优秀传统文化普及传播的各界精英。一代代"炎黄人"秉持"炎黄特色、时代特征、上海特点"的理念,不懈探索,勇于创新,勠力同心,无私奉献,开展了诸多具有鲜明时代特色和文化价值的研讨普及活动,研究会的凝聚力和社会影响力随之不断提升。自2005年以来,我会连续六次蝉联"上海市社会科学优秀学会"称号;2019年10月,经市社联推荐,我会被评为"全国社科联先进社会组织"。

人说"十年磨一剑",上海炎黄文化研究会的三十年,可谓磨了"三把剑"。

这第一把剑,是围绕中华传统文化和上海城市历史文脉展开学术研究,这是我们的立会之本。三十年来,我们围绕研究会的定位,坚持办好每年的"重头戏"学术年会;同时在市社联的倡导推动下,携手多个兄弟协会,于十年前创办了"多学科视野"研讨活动(迄今已举办了十届)。近年,我会与上海孔子文化节组委会合作,创办了辐射长三角地区的"儒商论坛"(迄今已成功举办四届)。这些研讨和论坛活动,紧扣当前社会和学术热点,深入探讨在特定历史条件下,中华优秀传统文化如何赓续传承、焕发生命活力,如何为新时代社会、经济、文化、生态文明建设提供智慧和滋养,进而为民族复兴大业赋能助力。与此同时,我会下属各个专业委员会也策划组织了不少小型多样的研讨活动,为会员发挥各自学术专长搭建了平台。

第二把剑,是优秀文化的传播普及活动。三十年来,本会及下属专业委员会开展了众多丰富多样、面向基层和社会公众的文化活动,其中不少活动已形成品牌效应。我会每年都有活动入选市社联的"科普周"项目,上海炎黄文化宣讲团、上海炎黄书画院和孔子文化专业委员会承办的"儒商论坛"还在市社联评优活动中先后获得"上海市社科特色活动奖"。我会青少年专委会参与的"恒源祥文学之星"中国中学生作文大赛已连续举办十九届,是中国目前最具影响力的作文大赛之一,每年全国参赛学生达2 000万名左右,大赛已载入上海大世界基尼斯"中国之最"纪录。炎黄文化宣讲团拥有"炎黄文化大讲堂"和"海浪花讲坛"两大演讲系列,前者对应传统文化主题,后者突出上海历史文化特色。宣讲团创办十多年来依托本会专家资源,先后推出"历史与当下:中国传统文化的智慧""炎黄论坛:追寻上海历史文脉""浦江红韵——中国共产党百年奋斗史""1925红色经典阅读沙龙""话说苏州河""海派文化的前世、今生与未来"等多个系列宣讲活动。炎黄书画院聚集了本市近百位知名书画家,仅2015年以来,就先后举办了包括八届"源于生活·五月画展"在内的二十个不同主题的艺术展览。近年来,书画院坚持"源于生活"的创作理念,先后以"绿色申城""灯塔""画说苏州河"为题,组织画家采风和创作,用画笔描绘新时代城市风貌和市民精神面貌的变化,传递中华文化的博大精深,相关主题展览产生了很好的社会反响。本会下属孔子文化专委会、庄子文化专委会、汉字书同专委会和炎黄诗社等也各展其长,陆续举办了众多面向社会、面向基层的有特色、有影响力的活动,在学术团体利用自身专业资源参与社会公共文化服务方面做出有益的尝试。本会会刊《炎黄子孙》和会报《海派文化》在挖掘传统文化瑰宝及上海城市记忆,做好炎黄文化研究普及成果的传播方面也做出突出贡献,成为中华优秀传统文化及上海文脉传承传播的特色载体。

  第三把剑,是上海炎黄文化研究会三十年形成的优良传统和精神品格。其核心是对中华优秀传统文化的挚爱,及对传承传播优秀文化的执着,是无私、忘我的志愿精神和奉献精神。加入研究会大家庭之后,我一直在思考一个问题,上海炎黄文化研究会是一个非营利的社会团体,参与研究会活动,无名无利,还要搭上许多时间和精力,可为什么大家始终热情不减,倾力投入,还乐此不疲?在老会长杨益萍此次撰写的纪念文章中,我找到了答案。他回忆当年接棒之时,前任会长、老领导周慕尧说:"祝贺新班子当选,祝贺什么呢?祝贺你们获得了为大家服务的机会,祝贺你们成为光荣的志愿者。"而他自己为研究会服务十余年,感触最深的也正是"源远流长的志愿精神、奉献精神"。这一精神"始自我们的先辈,始自研究会创始人,也体现在众多会员身上。它形成为一种传统,代代传承,不断发扬光大"。我想,研究会之所以历经三十年却生生不息,始终保持着创新意识和创造活力,队伍不断壮大,活动平台不断拓展,影响力不断提升,其精神密码,就是"挚爱、执着、志愿、奉献"这八个字所代表的传统和品格,正因为它已沉淀为上海炎黄会的基因,成为全体会员的共识和自觉,才使得研究会的事业得以薪火相传,弦歌不辍。

三十年,三把剑,是时代的馈赠,也是前辈和一代代炎黄人呕心沥血、接力锻造磨砺的结果。为了将这些宝贵的精神财富继承下来,传递下去,值上海炎黄文化研究会成立三十年之际,本届理事会授权秘书处编辑这本《而立回眸:上海炎黄文化研究会三十年》。

此书由五卷本构成。其中《如歌岁月》是一本有关研究会三十年历史的纪念文集。书中集纳了由《炎黄子孙》《海派文化》发起的"走过三十年"会庆征文的成果,三十多篇回忆文章,从各个角度记录了研究会及下属机构、专业委员会不寻常的成长历程;同时还整理收录了我会"历届理事会和领导班子名单""三十年大事记""《简报》总目录"及"历年所获荣誉"等内容,尝试对研究会历史做一全景回溯。

《文论撷英》是一本学术论文集,重点遴选了近十年本会学术年会,及携手沪上兄弟学会共同举办的"多学科视野"研讨活动的部分论文。论文集展现了本会专家学者的学术风采和研究实力,承载着上海炎黄文化研究会以学术立会,深入开展中华优秀传统文化研究的丰厚成果。

《报刊双馨》是本会《炎黄子孙》和《海派文化》的文章精选集。这一刊一报,一直被视为我会传扬炎黄精神、赓续上海文脉的窗口和名片,在办刊办报过程中,得到会内外众多名家名笔的支持和帮助。精选集凝聚着作者和编者的心血和付出,也是本会三十年足迹的见证。

《杏坛留声》是本会炎黄文化宣讲团的演讲集,编者从宣讲团创办十年来的数百场讲座中精挑细选,并适当向近年讲座倾斜,精选出三十篇有代表性、典型性的宣讲稿。每篇讲稿还特意标示出讲座的时间、地点,从中可以看出,炎黄文化宣讲团所秉承的走进基层民众开展普及教育、弘扬中华优秀传统文化、振奋民族精神的宗旨理念。

《墨彩华章》荟萃了本会炎黄书画院近十年的创作成果,每一个篇章都是艺术家们对生活的深情诠释,每一幅画作都承载着他们对生活的热爱和对真善美的追求。艺术家们用画笔讲述中国故事,传播中华文化,展现了新时代中国艺术家的担当与使命。本卷图文并茂，在编排上与其他几卷略有区别，为的是凸显书画院特有的艺术特色，让人赏心悦目。

　　本书不仅记录了时光的印痕，更记载了炎黄人奋进的脚步，它是上海炎黄文化研究会发展历程的缩影，是一份珍贵的历史见证。对于所有参与本书编撰工作的同仁而言，这项工作既是对炎黄会三十年走过的历程、三十年积累的文献资料和活动成果的挖掘和整理，也是对研究会优良传统和精神积淀的学习和重温，更是一次向所有参与研究会创办，及为研究会发展做出贡献的前辈和同仁的致敬！令人感动的是，在艰辛烦劳的编撰工作中，大家不辞辛苦，不计报酬，不计较个人得失，在有限的时间里投入了大量的时间和精力，在他们身上，我们看到了"挚爱、执着、志愿、奉献"所代表的研究会精神品格的延续，这恰恰是最令人欣慰的。在此，我谨代表本届理事会，对所有参与本书编撰工作的同仁表达由衷的感谢和真诚的敬意！

　　回首三十年前，上海炎黄文化研究会诞生在改革开放大潮涌动之时，一批德高望重的前辈学者和社会精英发起创办了研究会，他们的初心，是想借中华优秀传统文化的研究和传播，为民族复兴大业树德立魂，提供更多的精神滋养和智慧启迪。三十年后的今天，我们又一次站在历史关节点上，全面深化改革的大幕已经拉开，如何让中华优秀传统文化在"推进中国式现代化"的进程中发挥更大作用，成为摆在我们面前的新课题、新挑战。相信新一代炎黄人在学习继承前辈光荣传统的同时，将不辱使命，不断创新进取，推动上海炎黄文化研究会续写新的华章。

汪　澜
2024 年 12 月

目 录

序 .... 汪 澜 001

一　大事记（2014—2024） 001

二　七彩颂炎黄　初心绘中华 095
　　——上海炎黄书画院"五月画展"及重大题材主题展策划始末

三　书画院十年·画展集萃 131

四　《炎黄子孙》"品艺轩"专栏精选 175

五　书画院艺术作品选刊 251

本卷编后记 277

一、大事记（2014—2024）

　　今年是上海炎黄文化研究会成立三十周年和上海炎黄书画院恢复活动十周年的喜庆之年。从2014年9月26日在江桥上海书画院展示厅举行的"云淡峰起——上海炎黄书画院作品展"开幕式上，上海炎黄文化研究会领导宣布上海炎黄书画院恢复活动始，至2024年5月23日"江山如画·莘向未来——上海炎黄书画院中国画邀请展"在莘庄张渊艺术馆隆重启幕止，上海炎黄书画院复苏发展十年。这十年犹如一场远涉重洋的"艺术之旅"，虽无惊涛骇浪，却也波涛起伏、浪花四溅。我们以"大事记"的形式，记录了书画院在艺海中波光粼粼、星星点点的航行轨迹，重现了书画院全体同仁在社会主义新时代文化建设大潮中劈波斩浪的前进脚步。

2014 年

上海炎黄文化研究会会长周慕尧、嘉定区委书记马春雷
为上海炎黄书画院恢复活动揭牌

  金风送爽,艺花盛开。由上海炎黄文化研究会、嘉定区江桥镇人民政府与上海雯婕传媒(集团)有限公司联合主办的"云淡峰起——上海炎黄书画院作品展"在江桥上海书画院展示厅隆重开幕。本次展览展期自9月26日至10月3日,艺术家们以精心创作的88件书画作品向新中国诞生65周年献礼。

  上海炎黄文化研究会领导周慕尧、杨益萍、丁锡满,嘉定区委书记马春雷和区委常委、宣传部部长林峻,江桥镇党委书记袁航,上海雯婕传媒董事长唐志平,上海书画院院长乐震文,以及高式熊、瞿谷量等书画艺术家和社会公众100余人参加了展览开幕仪式。

研究会会长周慕尧向书画院领导和顾问颁发证书

开幕式上，上海炎黄文化研究会领导宣布，上海炎黄书画院正式恢复活动，任命研究会副会长吴孟庆兼任上海炎黄书画院院长，陆廷任执行院长，陈谷长、陈佐凡任副院长。沪上资深书画家高式熊、曹文仲、侯殿华、瞿谷量、周加华、宣家鑫、邱瑞敏、夏葆元、张培础、陈古魁等被聘为顾问。研究会会长周慕尧、常务副会长杨益萍向书画院领导和顾问颁发了聘书。

2015 年

2月8日

上海炎黄书画院新春团拜会在天平宾馆举行，研究会领导周慕尧、杨益萍，书画院领导吴孟庆、陆廷、陈谷长、陈佐凡，书画院顾问高式熊、张森、夏葆元、邱瑞敏、张培础、陈古魁及书画艺术家50余人出席。

5月23日

为纪念毛泽东同志《在延安文艺座谈会上的讲话》发表73周年，上海炎黄文化研究会、上海炎黄书画院与江桥镇人民政府、上海雯婕传媒（集团）公司在江桥镇联合举办以"艺术源于生活"为主题的"五月油画展"，研究会领导杨益萍、洪纽一、邓伟志、严家栋、丁锡满、张正奎，江桥镇镇长汪洁，研究会会员、书画院艺术家及社会公众100余人参加了开幕活动。书画院院长吴孟庆在开幕式上致辞。

本次展览是"源于生活·五月画展"在上海画坛的首次亮相，共展出书画作品80余件，其中包括邱瑞敏、夏葆元、夏予冰、石奇人、金纪发、徐文华、程俊杰、侯伟、章德明等诸多上海画坛名家的精品力作，展现了艺术家深入生活的丰硕成果。

吴孟庆院长在首届"源于生活·五月油画展"开幕式上致辞

研究会领导与参展艺术家合影

徐悲鸿（油画）夏葆元　　　　　　　女子肖像（油画）邱瑞敏

杯与花（油画）程俊杰 　　　　　　墙边灯泡（油画）侯伟

9月28日

在迎接新中国成立66周年的喜庆日子里,"我的祖国·人文江桥油画作品展"在江桥镇上海书画院展示厅开幕。研究会领导周慕尧、杨益萍、洪纽一,嘉定区委常委、宣传部部长林峻,江桥镇党委书记袁航等100余人出席观展。开幕式由江桥镇镇长汪洁主持,研究会常务副会长杨益萍致辞。

为真实反映改革开放以来,特别是上海北虹桥建设过程中江桥的飞速发展,艺术家历时半年,以"我的祖国"为主题进行创作。参加创作的35位画家,其中不乏如邱瑞敏、夏葆元、夏予冰、石奇人、黄阿忠、俞晓夫、金纪发、徐文华、程俊杰、侯伟、章德明、陆廷等沪上油画界老中青名家。

本次油画展的推出,既能让江桥市民得以近距离地欣赏到名家作品的艺术魅力,又能展现江桥的发展历程,为提升江桥的文化品位和文化事业的发展谱写了新的篇章。

研究会领导与"我的祖国·人文江桥油画作品展"参展艺术家合影

万达广场（油画）殷正洲

夕阳旧祠（油画）何小薇

阳光下（油画）李鹏

西徐初夏（油画）金纪发

11月22日—24日

　　书画院组织首次采风活动，我院书画艺术家在执行院长陆廷和副院长陈谷长、韦献青带领下赴安徽池州写生采风，陈小培、陆荣生、周子瑾、石滢、李剑、罗培源、程俊杰、侯伟、殷正洲等一行10余人参加。

研究会领导向书画院新聘顾问颁发聘书

2016年

1月22日

　　上海炎黄书画院新春团拜会在天平宾馆举行，研究会领导周慕尧、杨益萍及书画院领导吴孟庆、陆廷、陈谷长、陈佐凡，书画院顾问高式熊、张森、邱瑞敏、张培础、陈古魁及书画艺术家50余人出席，研究会常务副会长杨益萍向新聘顾问魏景山、陈志强、张安朴、黄阿忠颁发聘书。

2016年书画院新春团拜会撷影

4月15日

　　上海炎黄书画院借座社联会议室举行"梳理炎黄文化脉络、拓展创作选题"研讨会。研究会领导杨益萍、洪纽一、潘为民，文史专家冯绍霆、朱荫贵、夏锦乾、杨剑龙，书画院执行院长陆廷，副院长陈谷长、韦献青，以及书画艺术家瞿谷量、朱新龙、叶雄、奚文渊、胡震国、王守中、倪衍诚、董元、柴聪、陈志强等20余人出席。研讨会由书画院院长吴孟庆主持。

　　本次研讨会的主题是"如何用书画形式来发扬炎黄文化的核心精神"。上海市档案馆研究员冯绍霆、复旦大学教授朱荫贵、《上海文化》杂志执行主编夏锦乾、上海师范大学文化研究所主任杨剑龙就炎黄文化的精神内涵及其丰富的文化传统进行了精辟介绍。他们在发言中，梳理了炎黄文化脉络，把博大精深的炎黄文化细化为一个个选题，为艺术家增强理论素养、拓展创作题材，使书画作品既能为社会传递正能量，又具有可操作性提供了新的思路。陆廷、瞿谷量、陈谷长、朱新龙、胡震国、奚文渊等艺术家纷纷表示，专家的介绍使他们找到了"地域性""时代性"两把"钥匙"，打开了创作的"突破口"。

5月23日

作为上海市社联"科普周"的活动之一,由上海炎黄书画院与上海师范大学美术学院第一工作室联合举办的第二季"源于生活·五月油画展",于是日下午在上海书画院展示厅拉开帷幕。有关领导周慕尧、杨益萍、洪纽一、吴孟庆、潘为民、袁航,艺术家俞晓夫、程俊杰、侯伟等百余人出席展览。开幕仪式由江桥镇党委宣传委员潘红芳主持,书画院院长吴孟庆致辞。

为了打造出更多的精品力作,今春以来,沪上油画名家联袂上师大美术学院的莘莘学子,深入书画之乡江桥采风写生。书画院瞿谷量、邱瑞敏、魏景山、夏葆元、徐文华、金纪发、石奇人、龙纯立、张安朴、黄阿忠、姜建忠、夏予冰、钱益敏、章德明、胡震国、洪纽一、刘思、陆廷、韦献青、陆永生、殷正洲、王冠英、贺子鉴、金焰、李剑、赵志文、石滢、庄毅、任敏、周子瑾、王彦超、陆毅、黄斌勇、汪硕、吕旭等老中青艺术名家提供了佳作,上海师范大学美术学院第一工作室在导师俞晓夫、程俊杰、侯伟、杜湘和范佩俊带领下,学生徐乔健、杜佳、刘鼎、杨晓伟、顾小波、钱伊侬、贯虹、杨秉昕、段秀慧、蒋峰岚、于雨田、陈雯静、张素君、蒋倩佐等也一起参与了创作。

开幕式后,闻讯而来的参观者络绎不绝,画展好评如潮。研究会常务副会长杨益萍赞誉"五月油画展"是画家深入生活的成果展示。艺术家们坚持"源于生活"的创作理念,通过写生收集素材,提炼生活,选择角度,创作出别开生面、充满生活气息、洋溢着春天生机的好作品。

书画院院长吴孟庆与上师大美术学院院长俞晓夫分别在第二季"源于生活·五月油画展"开幕式上致辞

研究会领导与第二季"源于生活·五月油画展"参展艺术家合影

9月

  金秋九月，上海炎黄书画院携手上海长宁区美术家协会，参加了黑龙江黑河主办的"南绘北语——上海·黑河油画雕塑交流展"，书画院执行院长陆廷、副院长韦献青，艺术家姜建忠、胡震国、陆永生、石滢，及同为本院艺术家的长宁美协主席黄阿忠等沪上知名画家，专程赴会出席开幕式。上海画家们在参观考察了黑河学院美术与设计实践中心及创作基地后，就艺术创作、绘画语言、风格形式，与当地画家进行了座谈交流。通过交流考察，他们增加了新的创作思路和创作灵感，收获颇丰。

书画院艺术家黑河活动撷影

书画院首席顾问高式熊先生

12月23日

　　历经数年精心筹备，由上海炎黄文化研究会与上海炎黄书画院主办的"一片冰心——高式熊书法篆刻艺术展"在长宁区图书馆展厅隆重开幕。高式熊是当今书坛德高望重的书法篆刻家，是上海市书法家协会顾问、市文史研究馆馆员、西泠印社名誉副社长，也是我院的首席顾问。

　　研究会常务副会长杨益萍主持了开幕式。出席开幕式的老领导有中国作家协会原党组书记金炳华，上海市人大常委会原主任刘云耕，全国政协常委、上海市政协原主席冯国勤，上海市人大常委会原副主任、上海炎黄文化研究会会长周慕尧，上海警备区原政委王传友等。文化艺术界人士陈燮君、李伦新、洪纽一、吴孟庆、周志高、张森、丁申阳、黄阿忠、李向阳、宣家鑫、王立翔、瞿谷量等也出席了开幕活动。

本次展览被上海文化发展基金会评定为资助项目。上海市书法家协会、上海文史研究馆、西泠印社为展览的指导单位，百岁老人、著名书法家顾振乐和周志高、郝铁川、陈振濂、陈燮君应邀出任展览的学术顾问，著名书法家张森任展览的学术主持。展览还得到了安吉、太仓、宁波等地高式熊艺术馆的大力支持。

研究会常务副会长杨益萍主持"一片冰心——高式熊书法篆刻艺术展"开幕式

本次展览较完整地反映了高式熊近90年的从艺生涯，展示了他在书法篆刻艺术以及印泥制作技艺传承上的巨大贡献。展出的近60幅书法作品，大部分是高老的新作。年逾九秩的高老，在近三年的时间中，不顾年老体衰，日复一日坚持笔耕，楷行隶篆龙飞凤舞，积累了一批精品力作，为后人留下了珍贵的墨宝。在展陈设计上，对高老的篆刻作品，本次展览一改往常让观众用放大镜观看印章的传统陈列方式，而采用了"大红灯笼高高挂"的创新手法，把小小的篆刻作品放大制作成灯箱呈现在观众面前，具有很强的视觉冲击力。在展览中，还有一个用数百支旧毛笔构成的"装置作品"，这些旧笔从高老等上百位书画家和书画爱好者手中征集而来，它象征着已流传数千年的中国书画艺术，正通过一代代人的不懈努力，薪火相传，发扬光大，寓意深刻。

展览得到社会各界的一致好评，取得了圆满成功。

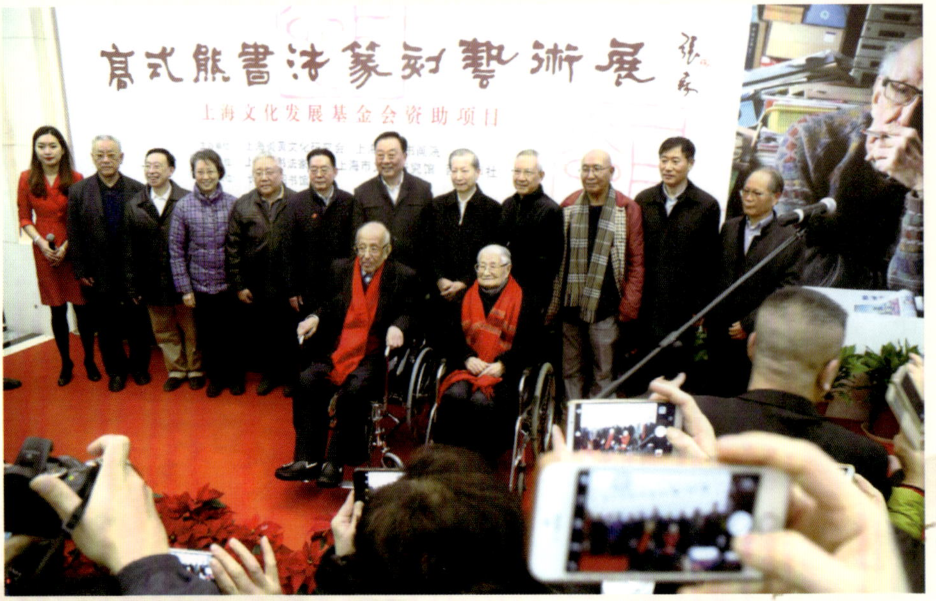
高式熊書法篆刻藝術展
上海文化发展基金会资助项目

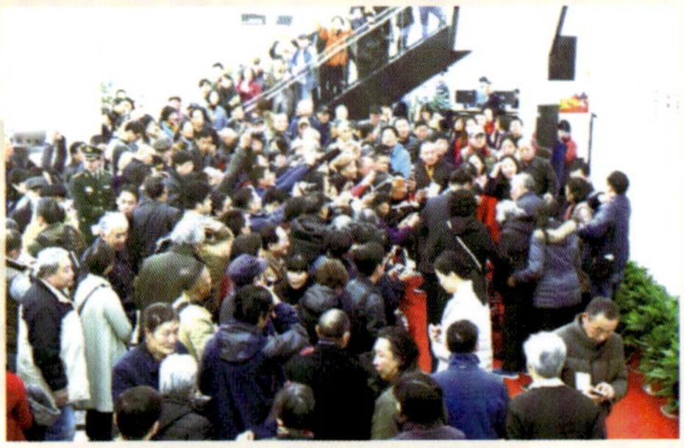

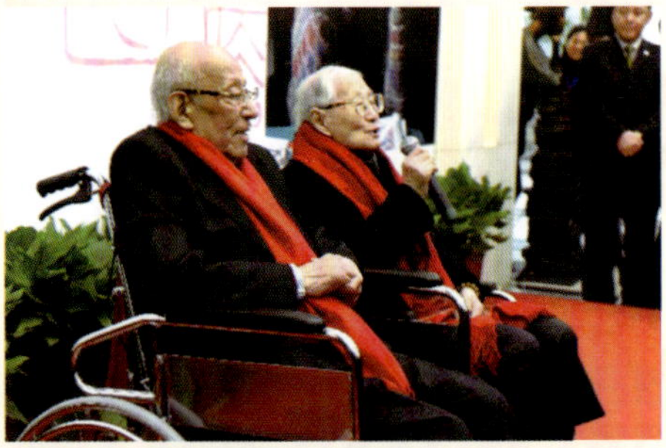

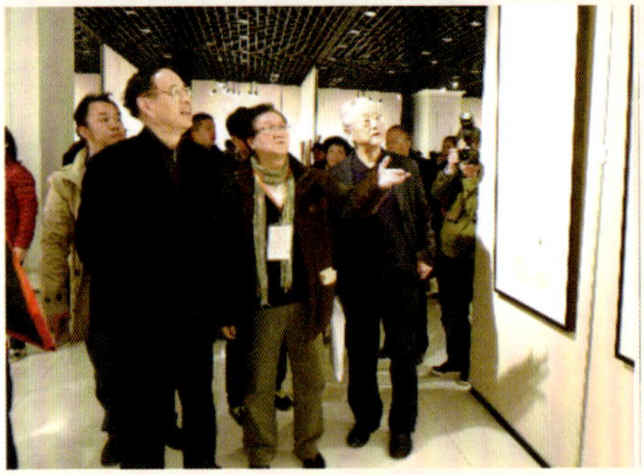

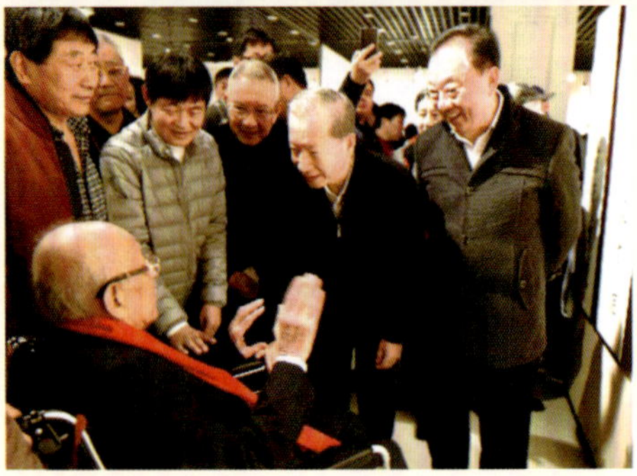

"一片冰心——高式熊书法篆刻艺术展"开幕现场撷影

2017年

2月10日

丁酉鸡年元宵节前夕，百余位书画艺术家欢聚在天平宾馆百卉苑，出席由上海炎黄书画院和长宁区美术家协会联袂举行的新春联谊会。高式熊、张森、张培础、陈谷长、陈古魁、杨冬白等名家为联谊活动捐赠了自己的作品，为活动增添了喜庆气氛。研究会及有关方面负责人杨益萍、洪纽一、吴孟庆、潘为民、刘建、陆廷、陈建兴、曹伟明、陈源，著名艺术家张森、邱瑞敏、夏葆元、李向阳、黄阿忠、张安朴、宣家鑫、杨冬白等出席活动。年届九旬的书画院首席顾问高式熊，也在女儿的陪同下来到了联谊会现场，引来满场热烈的掌声。书画院院长吴孟庆、长宁美协主席黄阿忠先后致辞，回顾过去工作，展望新年目标。研究会常务副会长杨益萍向李向阳、曹伟明颁发聘书。洪纽一副会长向新聘的8位书画艺术家王成城、王悌龙、许余庆、徐葆欣、刘巽侠、奚赛联、谭尚忍、李晓荣颁发了聘书。

马（中国画）张培础

闻鸡起舞（书法）张森

异域风情（油画）任敏

街道（水彩画）奚赛联

3月25日

作为"一片冰心——高式熊书法篆刻艺术展"的精彩收尾,"高式熊书法篆刻艺术研讨会"在浙江安吉高式熊艺术馆举行。研究会领导杨益萍、洪纽一、潘为民,监事曹金荣;书画院院长吴孟庆,执行院长陆廷,副院长陈谷长、陈佐凡,顾问张森、瞿谷量、陈志强,书画艺术家朱新龙、朱新昌、柴聪、谭尚忍、董元、倪衍诚、周子瑾、刘巽侠,安吉高式熊艺术馆馆长叶志铭,上海警备区少将叶志胜,以及中国老区经促会经济协作办公室主任方青香等30余位嘉宾出席了研讨会。年逾97的高式熊先生尽管行走不便,也专程从上海赶到安吉出席了这次盛会。

出席研讨会的领导、专家和艺术家们纷纷踊跃发言,艺术家瞿志豪因出国访问无法与会,还专门做了书面发言。整个会议开得热气腾腾。最后,陆廷代表高老向安吉高式熊艺术馆赠送了《临邓石如隶书联》,这副隶书联是高式熊先生的精品力作,其尺幅之大在高老作品中也是比较少见的。研讨会历时两个多小时,在欢快热烈的气氛中圆满结束。

5月23日

由书画院主办的"源于生活·五月油画展——艺术+我们"在上海书画院展示厅开幕。老领导周慕尧,研究会领导杨益萍、洪纽一、潘为民,与130余位各界来宾出席开幕式。

作为上海市社联"科普周"的重要活动之一,"源于生活·五月油画展"已连续举行了三届,已成为我院的"传统节目"。三年来,书画院书画艺术家以毛泽东同志《在延安文艺座谈会上的讲话》为指针,坚持走"源于生活"的创作道路,取得了丰硕成果。展览深受当地群众的赞美和喜爱。

本次展览最显著的特点,是以一批年轻油画家为创作主体,展出了孙志奎、陈小松、张忆周、姚冬青、王剑锋、吕洪樑、潘溯、

研究会领导周慕尧、杨益萍等参观画展

研究会领导与参展艺术家合影

严焙、周子瑾、杨炀、黄赛峰、陈明园等12位艺术家的91幅油画作品。这批艺术家都是20世纪七八十年代出生的年轻人。他们在画作上所展现的色彩、造型和笔触，洋溢着青春气息和盎然向上的生机。

"源于生活·五月油画展"受到了社会公众的欢迎和大众传媒的关注，就在画展举办的当天，上海电视台以《连续三年，他们在5月23日开画展》为题报道了本次画展。雅昌艺术网也在线上发布了此次活动的专题报道。

8月21日

8月21日和29日，上海炎黄书画院在上海社科会堂分别召开中国画、油画艺术家座谈会，对我院策划的"绿色申城——上海城市公园绿地撷萃"创作进行正式的动员和部署。书画院20位国画家和35位油画家分别出席了座谈会。

改革开放以来，上海城市环境发生了巨大变化。书画院拟以此为切入点，以"绿色申城——上海城市公园绿地撷萃"为主题，展现上海城市公园的历史变迁，讴歌新中国成立以来特别是改革开放以来取得的伟大成就。该项目预计创作数量约120幅，有60多位知名画家和中青年画家参与，创作周期为一年左右，之后被列入上海文化发展基金会重大题材创作项目。书画院成立专门班子，负责选题论证、人员落实、进度协调等工作。

8月21日

根据书画院拟在党的十九大胜利召开之际，以书、画合璧的形式举办一个"古典诗词迎春书画展"的计划，许多艺术家已经陆续完成绘画部分的创作。8月23日，书画院首席顾问高式熊在家人陪同下来到研究会办公室进行"二度创作"——即在已经完成绘画创作的作品上题写诗词。年届97的高老精神矍铄，分别用铁篆、隶书、楷书、行书等各种书体挥毫书写，与画作内容珠联璧合，更趋完美。研究会秘书长潘为民、书画院领导陆廷、陈谷长、陈志强等全程陪同。

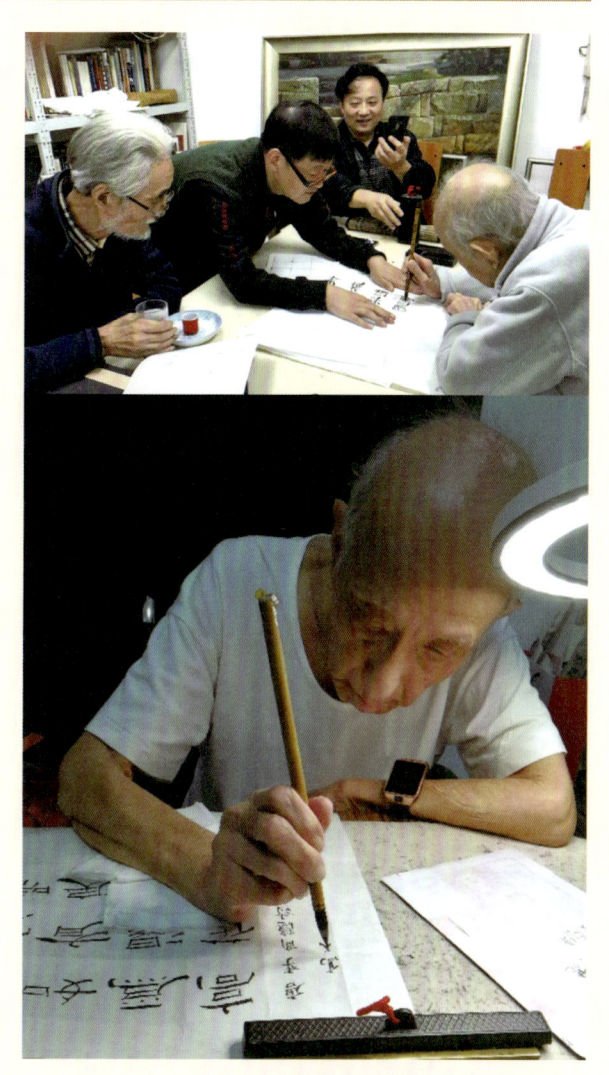

高式熊先生在创作中

9月16日

在喜迎党的十九大胜利召开的日子里,"'美在上海'——小杨生煎·新知杯上海青少年儿童绘画创意大赛"颁奖典礼在上海书画院展示厅隆重举行。该活动由上海炎黄文化研究会、上海炎黄书画院与上海市美协儿童艺术委员会联合主办,新知文化发展有限公司承办,小杨生煎(上海)有限公司协办。研究会常务副会长杨益萍、书画院院长吴孟庆、执行院长陆廷、副院长陈谷长、市美协展览部副主任夏磊、市美协连年艺委会主任叶雄、市美协儿童创新中心主任陆汝浩、小杨生煎董事长杨利朋、上海新知文化发展有限公司总裁梁妙珍等出席颁奖典礼并为获奖作品剪彩。

在颁奖典礼上,领导和嘉宾为幼儿组、小学组、初中组和高中组132位获奖学生颁奖,其中一等奖7名、二等奖11名、三等奖18名、优胜奖96名。最后,还为88位老师颁发了"优秀指导老师奖"。

12月31日

为庆祝党的十九大胜利召开,进一步弘扬中华优秀传统文化,由上海炎黄文化研究会与浦东新区周浦镇人民政府主办、上海炎黄书画院和周浦美术馆承办、上海东元金石书画院协办的"喜庆十九大——2018·古典诗词迎春书画展暨诗歌朗诵会"于12月31日在周浦镇文化活动中心影剧场和周浦美术馆隆重开幕。本次展览活动是上海炎黄文化研究会和上海炎黄书画院推出的"炎黄系列书画展"的第二个展览。出席开幕式的有中国作家协会原党组书记金炳华、上海市原副市长周慕尧、上海市委宣传部原副部长陈东、上海文史研究馆原馆长吴孟庆、上海文史研究馆副馆长王群,研究会会长杨益萍、常务副会长洪纽一、秘书长潘为民,浦东新区周浦镇党委书记李幼林、镇人大主席蔡赞石、镇党委副书记贡柳兰,著名书画家高式熊、张森、张培础等,以及研究会专家学者、书画院书画艺术家和各界群众500余人。

开幕式上,周浦镇党委书记李幼林和研究会会长杨益萍先后致辞,并为新成立的"上海炎黄文化研究会活

研究会会长杨益萍致辞

著名朗诵艺术家
丁建华、陆澄等在现场朗诵

动中心"揭牌；研究会常务副会长洪纽一和周浦镇人大主席蔡赞石为"上海炎黄书画院创作中心"揭牌。市文联艺术团为观众献上了一台以喜庆十九大和古典诗词为主题的文艺演出。丁建华、陆澄等知名艺术家的朗诵，让观众获得了高品质的艺术享受。

文艺演出后，观众移步美术馆参加书画展开幕式，精湛的艺术作品让观众眼睛一亮。书法家与画家"书画一体"的合作，达到了珠联璧合、相得益彰的境界。本次书画展共有45位艺术家参与创作，展出作品86幅，其中包括顾振乐、高式熊、张森、刘小晴、宣家鑫等书法家，瞿谷量、陈谷长、张培础、陈小培、朱新龙、王守中、朱新昌、柴聪等国画家的精品力作。

高式熊先生向周浦镇捐赠书法作品

把书画艺术与诗歌朗诵、音乐舞蹈等艺术形式紧密结合、融为一体，让古典诗词通过视觉和听觉的双重形式予以展现，是书画院在艺术展览形式中的一个创举，也为周浦民众献上了一台辞旧迎新、弘扬中华优秀传统文化的精彩节目。艺术家们的精彩演出赢得全场观众阵阵掌声，"古典诗词＋名家书画＋名家朗诵"相结合的艺术形式，让居民在家门口就能获得高品质艺术的熏陶和享受。在具有深厚历史文化底蕴的周浦镇，人们聆听古诗词的琅琅诵读声，欣赏气象万千的书画作品，载歌载舞迎接2018年春天的到来。

2018年

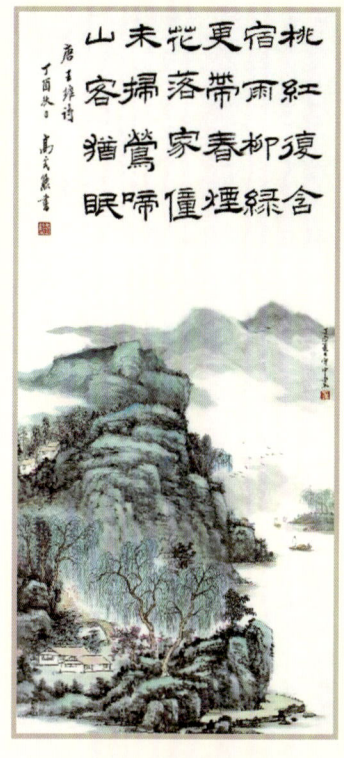

左起：由高式熊先生题诗，王守中、陈谷长、朱新龙创作的书画作品

2月4日

在2018年立春到来之际，得到上海文化发展基金会资助的"喜庆十九大——2018·古典诗词迎春书画展"巡展，在江桥上海书画院展示厅开幕。出席开幕式的有上海市老领导周慕尧、姜樑，研究会领导杨益萍、洪纽一、潘为民，嘉定区江桥镇领导，书画院顾问和书画艺术家高式熊、张森、张培础、陈古魁、陈谷长等，以及当地群众代表近百人。

"喜庆十九大——2018·古典诗词迎春书画展"巡展现场撷影

　　开幕式上，江桥镇和研究会领导先后致辞。市文联艺术团的艺术家为与会嘉宾献上了声情并茂的古典诗词朗诵节目。书画展览与诗歌朗诵的艺术形式紧密结合的创举，也为江桥民众带来了视觉和听觉融为一体的艺术享受。

巡展现场撷影

会上，研究会秘书长潘为民宣布了书画院新一届领导班子名单：院长由研究会常务副会长洪纽一兼任，执行院长陆廷，副院长陈谷长、韦献青、柴聪，副院长兼秘书长陈志强。同时，会上还宣读了书画院新聘任的25位书画艺术家名单，并为刘见谷、陈明园、孙志奎、黄赛峰、姚冬青、张达兴、许根荣、张吉、庄中亮、蒋寿龙、诸黎敏、钱保纲等新聘任书画艺术家颁发了聘书。

| 035 |

3月3日

为"绿色申城"创作活动进行第一次黄浦江滨江考察,书画院书画艺术家魏景山、陈谷长、陆廷、韦献青、孙志奎、奚赛联、杨炀、周子瑾、杨建德、吕洪樑、陈小松、徐乔健、陈明园、陈志强等一行14人参加。

艺术家在滨江渔人码头参观考察

艺术家在北外滩黄浦江边参观考察

5月25日

由上海炎黄文化研究会与上海炎黄书画院主办、上海雯婕传媒集团协办的"走进新时代——源于生活采风写生作品展"在上海书画院展示厅隆重开幕。出席开幕式的有老领导周慕尧,研究会会长杨益萍、秘书长潘为民,江桥镇人大领导焦统骞、黄华,市创意中心领导贺寿昌,书画艺术家瞿谷量、夏葆元、陈谷长、朱新龙、朱新昌等80余人。此次展览，是在已经连续举办三季"源于生活·五月油画展"的基础上，改版成"源于生活·五月画展"，展出作品从以往单一的油画，扩展到水彩画、中国画等其他绘画形式。此次展览是书画院正在进行的"绿色申城——上海城市公园绿地撷萃"主题创作活动的"衍生品"，相当部分作品是我院书画艺术家为这次主题创作在公园绿地实地勘察采风过程中的写生作品，真正体现了我院一以贯之的艺术"源于生活"的创作理念：将参与创作的艺术家们在深入生活过程中，用自己的眼睛发掘出潜藏在大自然中美的宝藏，通过写生呈现给观众，从而实现走近自然、体验生活、表达情感等一系列主体与客体之间的完美结合。

研究会领导与参展艺术家留影

2018年是嘉定建县800周年，研究会作为嘉定区江桥镇的文化共建单位，特地组织我院部分艺术家创作了以嘉定的老镇、古园、古寺、新区为主题的绘画作品，以此向源远流长、人杰地灵的清"嘉"之土、安"定"之地致敬。所以这次展览既是"嘉定建县800周年"纪念活动的一个组成部分，也是我们研究会和书画院献给"嘉定建县800周年"的一份贺礼。

本次展览共有54位艺术家提供了86幅作品参展，其中油画53幅、钢笔水彩画6幅、中国画27幅，题材和形式更显丰富多彩。本次展览还被上海市社联列入"科普周"专项活动。

"走进新时代——源于生活采风写生作品展"展览现场撷影

5月30日

下午，在上海炎黄文化研究会办公室进行了"绿色申城"创作初稿交流会。

7月9日

举行上海炎黄书画院本届首次院长办公会，为加强书画院工作的集中领导和民主决策，决定成立院务委员会，并初步商定院务委员会成员名单。

7月12日

在昭化路陆廷工作室召开"绿色申城"油画创作草图审稿会，初步审定65幅油画作品的创作人、创作选题，并对部分作品提出修改意见。

8月31日

为纪念当代中国花鸟画大家、美术教育家乔木先生百年诞辰，我院假座市社联"周五茶座"举行座谈会，共同商议策划"百年乔木"艺术成就展。上海炎黄文化研究会会长杨益萍，常务副会长、上海炎黄书画院院长洪纽一，书画院执行院长陆廷，副院长陈谷长、柴聪和上海美术学院原副院长张培础，上海美院教授王劼音、陆志文，上海博物馆原馆长陈燮君，上海徐悲鸿艺术学院副院长许承兴，上海浦东新区美术家协会名誉主席李巾棠，上海博物馆陈列设计部原主任蔡筱明，上海炎黄书画院书画艺术家陈小培，乔木先生子女乔国卿、乔苏苏、乔莹等出席了座谈会。会议由书画院副院长兼秘书长陈志强主持。

乔木先生桃李满天下。他的学生张培础、陈谷长深情回忆了乔先生在上海美专（现上海美院）执教时，对学生悉心教授、诲人不倦的优秀师德，在学业上、思想上、生活上对学生的关爱。他们回顾了自1965年大学毕业后，虽然离开了学校，但师生之间的深情厚谊始终没有变，每年年初三成了学生们向乔木先生拜年的日子，53年来一以贯之。乔先生去世以后，他们向乔师母拜年，师母去世后，便与乔木先生子女聚会。王劼音教授在座谈中说，"百年乔木"的题目和立意都非常好,乔木先生的花鸟意境很深,体现了中国传统文化的价值观。陈燮君认为,举办"百年乔木"的展览要有较高的文化立意,多视角地反映江南文化,体现创作的文化担当,厘清海派花鸟画的传统脉络。与会的各位专家集思广益,纷纷为举办展览提出了很好的建议。研究会领导杨益萍、洪纽一在最后发言中说,搞"百年乔木"展览很有现实意义,弘扬优秀传统文化就是要通过一个个具体的艺术家来发掘和总结。

9月6日

书画院国画组同仁交流创作草图

由书画院策划、筹备和几十位书画艺术家共同参与的"绿色申城——上海城市公园绿地撷萃"创作项目,经中共上海市委宣传部委托审定,正式列入上海文化发展基金会2018年度重大文艺创作资助项目第一期资助名单。资助项目全文刊发于《解放日报》《文汇报》《新民晚报》和《新闻晨报》。

"绿色申城——上海城市公园绿地撷萃"创作项目从今年年初起,经过半年多努力,艺术家深入本市100多家公园、绿地进行采风写生、精心构思,用手中的画笔,努力反映改革开放40年来上海城市面貌和上海生态文明建设的巨大变化。其间,书画院多次举行专题会议探讨交流、研究切磋,大家同心协力,力争精益求精地完成项目,为讴歌改革开放做出贡献。

11月15日

"百年乔木"第二次研讨会在研究会办公室举行。出席会议的有乔木先生各个时期的学生及知名画家蔡大雄、孙信一、黎邦定、夏佩明、袁龙海、黄任之、王造云,乔木先生子女乔国卿、乔苏苏、乔莹,书画院领导洪纽一、陆廷、陈谷长、柴聪、巢卫群、林伟光、陈志强等17人。

2019年

"上海炎黄书画院2019迎春画展暨新春联谊会"现场撷影

1月25日

上海炎黄书画院2019年迎春画展暨新春联谊会在上海书画院展示厅举行。老领导周慕尧、陈正兴，研究会及有关方面负责人杨益萍、洪纽一、陈卫平、潘为民、曹金荣、许为民、刘建、唐志平，炎黄书画院顾问魏景山、黄阿忠、姜建忠、周加华及书画艺术家80余人出席了开幕式和新春联谊活动。

研究会常务副会长兼书画院院长洪纽一在会上做了主题发言。艺术家们为联谊会提供的30余幅作品作为抽奖奖品，活动充满团结欢快的气氛。会上还为书画院新聘的书画艺术家李言、耿忠平、林志铭、朱建明、袁龙海、韩颐、应海海、何珏颖、陈迪、周胤辰、王建祥、隋军、闫晓平、潘文艳、赵艳秋等颁发了聘书。

会议期间传来了书画院首席顾问高式熊先生去世的消息，全体起立对高老仙逝表达了由衷的悼念之情。

"上海炎黄书画院2019迎春画展暨新春联谊会"现场撷影

2月6日

书画院院长办公会议在陆廷工作室举行。会议研究、安排了"绿色申城——上海城市公园绿地撷萃"作品展参展作品装裱配框、画册设计印制、展出场地及布展等时间进度。初定展览于3月15日在刘海粟美术馆分馆（普陀区美术馆）举行。本次展览的画册《绿色申城——上海城市公园绿地撷萃作品集》将由上海大学出版社出版，并另行为普陀区政协编印一本《绿色申城 生态普陀》画册。

3月15日

作为2018年上海市重大文艺创作资助项目的绿色申城——上海城市公园绿地撷萃作品展，在上海文化发展基金会、上海市普陀区政协、上海市绿化和市容管理局、奥盛集团等有关单位暨领导的大力支持下，在上海炎黄文化研究会的直接领导和书画院众多艺术家的共同努力下，于刘海粟美术馆分馆（普陀区美术馆）隆重开幕。

市老领导周慕尧，市绿化和市容管理局副局长方岩，普陀区政协主席钱城乡、副主席周倩影、杨杰，普陀区绿化和市容管理局党委书记、局长刘古亮，普陀区文化和旅游局副局长顾忆红，上海市美协主席郑辛遥、顾问王劼音、副秘书长丁设，上海市文广局原党委书记、上海博物馆原馆长陈燮君，研究会领导杨益萍、洪纽一，顾问瞿谷量、陈古魁、张安朴、黄阿忠、姜建忠及书画艺术家等200余人出席了开幕式。

开幕式上，洪纽一、钱城乡分别致辞。郑辛遥和钱城乡还为新书《绿色申城——上海城市公园绿地撷萃作品集》首发揭牌。

本次展览汇集了众多艺术家创作的精品力作129幅，以风景画这一人们喜闻乐见的艺术形式，油画、中国画等绘画手段，多角度、全方位地展现上海城市公园绿地的历史变迁和发展现状，并融入周边现代化的城市景观，讲好上海城市故事，讴歌上海生态文明建设方面取得的成就，向改革开放40周年和新中国诞生70周年献礼，并为普陀区建设"宜居宜创宜业生态区"助力。

"绿色申城——上海城市公园绿地撷萃作品展"开幕式撷影

上海市美术家协会主席郑辛遥与普陀区政协主席钱城乡为
《绿色申城——上海城市公园绿地撷萃作品集》大型画册首发揭牌

展览活动现场

与会领导、嘉宾与参展艺术家合影留念

著名艺术家王劼音接受采访

青年艺术家安静接受采访

4月23日

由书画院与海上印社艺术中心举办的"上海美专同学六人6+N油画展·第五届"移至江桥上海书画院展示厅展出。参展的9位艺术家早年都毕业于上海美专，其中许余庆、王悌龙、陈志强等都是书画院书画艺术家。9位艺术家年逾古稀，有的已年届耄耋，艺术造诣深厚。本次画展展示了他们传承海派艺术的成果，也为打造"人文江桥"增添了浓厚的艺术氛围。

书画院秘书长陈志强致辞

研究会常务副会长陈卫平参观展览

参展艺术家合影

5月24日

下午，借座上海市社联"星期五茶座"举行书画院院务委员会第一次会议，书画院院长洪纽一，执行院长陆廷，副院长陈谷长、韦献青、柴聪，秘书长陈志强，研究会有关领导袁筱英、巢卫群及新任院务委员朱新龙、胡震国、周卫平、张吉、奚赛联、隋军、陈明园、林伟光出席了会议。执行院长陆廷在会上汇报了书画院恢复活动5年来的工作，研究会常务副会长兼书画院院长洪纽一代表研究会向本届书画院领导班子及新任院务委员颁发了聘书。

院务委员会第一次会议结束后，马上举行了"绿色申城——上海城市公园绿地撷萃作品展"总结研讨会。出席研讨会的除了上述院务委员会第一次会议的与会者外，上海博物馆原馆长陈燮君，书画院顾问魏景山、陈古魁、瞿谷量，以及书画艺术家陈小培、王悌龙等出席了研讨会。

书画院顾问、艺术家魏景山在发言中，首先肯定了本创作项目和画展所取得的成绩，同时指出了存在的问题，即油画创作必须充分发挥油画的表现力，在作品的绘画性上下功夫，而不能把作品画成照片当作最高目标，绘画必须摆脱照片的痕迹。魏景山的发言引起了与会艺术家的共鸣，大家踊跃发言，对如何下功夫增强油画的表现力、发挥中国水墨的传统笔墨等进行了深入的探讨。

"绿色申城——上海城市公园绿地撷萃作品展"研讨会与会人员合影

艺术家们对这次创作活动的成功发表了各自的看法。油画家隋军在发言中指出，对这次活动，书画院的领导花了很多心思，从组织采风写生，到观摩点评，再到正式创作，做了许多前期工作，非常可贵，也为今后的创作活动积累了宝贵的经验。国画家陈小培说："总感到我们书画院风气很正，这与书画院领导有关，领导没有私心，心思就是放在怎么来搞好创作、搞好书画院上。因此，在我们书画院，尽管创作任务有压力，我还是想尽办法努力完成。比如这次自己承担了创作大观园的任务，大观园景点很多，如何把它组织在一个画面里，就很有难度。为此我几次到大观园实地观察写生，回来进行创作，总算取得了较好的效果。"国画家柴聪说，自己参加了从策划到实施的全过程。创作过程也是画家自身在思想上和绘画技艺上不断提高的过程。周卫平、胡震国、奚赛联、王悌龙等艺术家在发言中都提到，这次创作活动之所以能取得好的效果，是因为我们书画院风清气正、心情舒畅。同时，创作中有一个很好的氛围，在观摩点评中，大家畅所欲言，互帮互学，让自己进入最好的创作状态。

著名学者陈燮君在发言中指出，上海炎黄书画院注重创作，特别是紧跟时代步伐，着意重大题材的创作，这是上海同类书画院中罕见的。主题创作一般应该是由美协或艺术院校来组织的，有经费，有人员，而炎黄书画院作为一个民间书画院却主动承担了这样的工作，实属不易。其次，多年来，上海炎黄书画院坚持"讲话"精神，坚持"源于生活"的创作理念，组织艺术家下生活，这是创作活动取得成功的关键所在。最后，炎黄书画院的艺术家围绕主题进行创作，多次组织观摩交流，群策群力、集思广益，这是创作取得成功的保证。希望艺术家们坚持"源于生活"的创作理念，百尺竿头更进一步。

书画院院长洪纽一做了总结发言，他说，座谈会总结经验、提出新的奋斗目标，为书画院今后的工作提出了努力方向，会议取得了圆满成功。

6月13日—15日

书画院核心成员赴浙江岱山中国灯塔博物馆进行前期考察，了解源远流长的世界和中国灯塔发展史，为进一步确立庆祝中国共产党百年华诞创作活动的主题，做了理论和思想上的准备。

6月19日

在江桥镇人民政府313会议室商议筹建"上海炎黄书画院江桥分院"事宜。江桥镇党委宣传委员及有关部门负责人徐燕、蒯珊珊、王斐，我院负责人陆廷、陈志强出席会议。

经过认真商讨，确定"江桥分院"画师遴选范围为社区书画团队核心成员、江桥镇所在中小学美术教师及企业工会宣传干部，决定6月底前先成立分院筹备组，7月中旬前推荐选定分院画师人选，8月进入分院首次画展创作阶段（8月3日、8月10日安排两次观摩交流活动），9月上旬参展作品定稿，中下旬筹备展览及编排印制画册，计划9月23日—25日画展开幕。

6月28日

在上海书画院展示厅举行江桥镇社区美术爱好者座谈会，江桥镇文体中心负责人蒯珊珊、王斐，镇党建中心负责人汤弘晔，书画院领导陆廷、陈谷长、柴聪、陈志强，上海雯婕传媒（集团）领导唐志平、张陈琪及部分社区美术爱好者出席座谈会。

会上，介绍了上海炎黄文化研究会和上海炎黄书画院的概况，以及上海炎黄书画院江桥分院的筹建情况。大家回顾了20世纪70年代嘉定县第一家农民美术团体——"江桥人民公社青年书画组"的发展历程，决心以成立"江桥分院"为新的起点，为发展江桥社区业余美术创作而共同努力。

7月12日

在研究会领导杨益萍、洪纽一及时任常务理事沈卫星、袁筱英的带领下,我院负责人陆廷、陈志强等一起来到位于杨浦区的交通运输部上海打捞局,进行实地走访学习。

上海打捞局党组书记李青为我们一行介绍了他们单位的基本情况和承担的主要职责。上海打捞局成立于1951年,是我国最大的抢险救助打捞专业单位之一,在保证完成公益性救助打捞任务的同时,正在全面实行企业化、国际化。杨益萍、洪纽一则分别介绍了上海炎黄文化研究会成立25年来的历史情况和近期工作。双方领导就如何发挥各自优势,以文化为纽带加强合作共赢等方面做了交流和沟通。

研究会一行还在打捞局领导的陪同下,参观了设在该局的中国救捞陈列馆。

7月15日

研究会领导杨益萍、洪纽一、沈伟星、曹金荣及书画院陆廷、陈志强一行6人走访了交通运输部东海航海保障中心,航保中心主任王鹤荀和中心党群工作部主任吴玲给予热情接待。

通过对上海打捞局和东海航保中心的走访,我们感受到"把生的希望送给别人,把死的危险留给自己"的救捞精神和"燃烧自己,照亮别人"的灯塔精神,为书画院庆祝中国共产党成立100周年创作活动的策划打开了新的思路。

7月20日

经过书画院核心成员的共同商议,"航标·灯塔——庆祝中国共产党成立100周年"创作活动策划书"三易其稿"基本拟就。策划书(第三稿)节录如下:

"航标·灯塔——庆祝中国共产党成立100周年"
创作活动策划书

航标和灯塔是位于海岸、港口或河道,用以指引船只航向、维护船舶航行安全的助航设施。在界河和有些海域,航标和灯塔还常常是主权的象征,具有宣示国家主权的重要意义。

一代代航标、灯塔的守护人,更是不畏艰险、忠于职守。他们无怨无悔,用自己的青春和生命点亮了一座座永不熄灭的灯塔,为航行者的生命安全默默无私奉献,铸就了"燃烧自己、照亮别人"的"灯塔精神"。

救捞系统是我国水运事业平安和谐发展不可或缺的安全保障力量,始终伴随着我国水运事业蓬勃发展而逐步成长壮大。

数十年来,一代代救捞人坚持和弘扬"把生的希望送给别人,把死的危险留给自己"的救捞精神,谱写了一曲曲新时代气壮山河的壮丽颂歌。

中国共产党即将迎来成立100周年的光辉节日。

100年来,中国共产党就像江河湖海中的航标和灯塔,"燃烧自己,照亮别人",在茫茫黑夜中为革命的航船指明了前进的方向。无数革命先辈"把生的希望送给别人,把死的危险留给自己",抛头颅、洒热血,经过数十年的浴血奋斗,终于取得了中国革命的伟大胜利。今天,习近平新时代中国特色社会主义思想如航标、似灯塔,又一次引领着中华民族伟大复兴这一巨轮,走向更加辉煌的明天。

为此,我们拟以"航标·灯塔"为主题,用油画、中国画等艺术形式,描绘遍布于我国漫长的海岸线、在港湾和岛礁上巍然矗立的一座座灯塔、一个个航标,以及航标、灯塔的守护人和救捞人中的优秀代表,歌颂中国共产党在重大的历史关头,为革命的航船指引航向,歌颂千千万万中国共产党人为革命事业前赴后继、赴汤蹈火,不惜牺牲、勇往直前的"灯塔精神"。

具体实施步骤如下：

一、组织书画院有关人员赴浙江岱山参观考察中国灯塔博物馆，了解源远流长的世界和中国灯塔史，为这一创作课题的策划提供思想理论依据。

二、走访上海打捞局、交通运输部东海航海保障中心及中国灯塔博物馆等相关单位，获取我国沿海海岸和干流航道航标、灯塔设置以及坚守在救捞、航标战线上的先进人物的信息，为下一步的创作做准备，同时争取相关单位在技术、经济等方面的支持。

三、在确立课题的基础上，组织有关创作人员对我国标志性的海岸灯塔及干流航标，进行采风考察、生活体验，加深对"燃烧自己，照亮别人"的灯塔精神和"把生的希望送给别人，把死的危险留给自己"的救捞精神的理解。

四、活动主办单位：初定交通运输部东海航海保障中心、上海打捞局、上海炎黄文化研究会和上海炎黄书画院。

五、创作实施计划：

1. 创作形式：油画、中国画等多画种，独幅画、二连画、三连画等。
2. 创作数量：80幅左右。
3. 创作力量：以本书画院艺术家为主，组织油画家40—50名，国画家15—20名参加创作。
4. 创作周期：一年半左右。
5. 展出事宜：预定于2021年"七一"前举行画展，并出版画册。（展览时间和地点另定）

8月20日

上海炎黄书画院江桥分院核心工作会议在上海书画院展示厅举行，我院执行院长陆廷、副院长柴聪、副院长兼秘书长陈志强、院务委员会办公室主任林伟光及江桥分院筹备组核心成员曹柏溪、顾蓉、李翠英出席。

会上，陆廷介绍了分院筹备情况，传达了江桥镇政府对分院领导班子的任命：院长曹柏溪，执行院长汤弘晔，副院长籍惠良、顾蓉，副院长兼秘书长李翠英。并明确了江桥分院领导的内部分工。

9月8日

在研究会办公室举行上海炎黄书画院江桥分院联席会议，陆廷、陈谷长、柴聪、陈志强、林伟光、曹柏溪、汤弘晔、李翠英出席。

会议商定了成立大会暨画展的名称、画展组织架构、开幕时间、开幕式议程等具体事项，并对参展作品进行了评选。为示公正，分院领导不参加评奖。

9月11日

书画院举行院务委员会扩大会议，洪纽一、陆廷、陈谷长、柴聪、陈志强、韦献青、隋军、胡震国、孙志奎、张吉、周卫平、林伟光出席，江桥分院曹柏溪、李翠英列席。院务委员朱新龙、奚赛联、陈明园因事请假。

会议回顾了今年的工作，商讨了明年的工作计划，并听取了江桥分院汇报明年的工作打算。

9月17日

在江桥镇人民政府715会议室举行江桥分院成立大会工作会议，江桥镇有关领导徐丽琴、徐燕、王斐，上海雯婕传媒（集团）唐志平、陈国良，我院陆廷、陈志强出席。

9月23日

研究会会长杨益萍与嘉定区文旅局副局长姚强
为上海炎黄书画院江桥分院揭牌

由上海炎黄文化研究会与江桥镇人民政府主办，书画院与上海雯婕传媒（集团）等承办的"魅力江桥——庆祝中华人民共和国成立70周年暨上海炎黄书画院江桥分院首届书画展"在江桥镇上海书画院展示厅隆重开幕。嘉定区文化和旅游局党委委员、副局长姚强，江桥镇党委宣传委员徐丽琴，炎黄文化研究会会长杨益萍、常务副会长兼书画院院长洪纽一、秘书长潘为民，上海雯婕传媒（集团）董事长唐志平，书画院书画艺术家瞿谷量、陈谷长、朱新龙、胡震国、周卫平等，以及江桥镇各社区的书画爱好者100多人出席了开幕式。

在过去的数十年里，在江桥这块沃土上，孕育了许多热衷绘画、书法等艺术门类的本土子弟，涌现了诸多书画艺术爱好者。在江桥镇党委和政府的领导下，在研究会领导的指导及上海雯婕传媒（集团）的支持下，经过多次协商，决定在江桥现有社区群众美术活动的基础上，建立上海炎黄书画院江桥分院，利用书画院书画艺术家的人才优势，为江桥社区美术爱好者进行美术培训，搭建一个新的艺术创作平台，以促进江桥社区美术创作的进一步发展。

在江桥镇文体服务中心、上海雯婕传媒（集团）及书画院三方的通力合作下，从6月19日举行第一次筹备会议开

上海炎黄书画院副院长兼秘书长陈志强
和江桥分院院长曹柏溪分别在开幕式上致辞

始,在短短两个月的时间内,边筹建分院,边筹备分院的首届书画展。江桥镇的书画家和美术爱好者们以极大的创作热情,立足江桥,以社区新貌、小区即景、凡人好事、江桥忆旧等内容为重点进行书画创作。书画院还组织著名艺术家两次深入社区,面对面地为基层书画爱好者传授创作经验、指导书画创作,会后又利用网络通信工具进行在线辅导。在大家的共同努力下,60余件新创作的书画作品在众多画作中脱颖而出,成为江桥分院首届书画展的主力,为新中国七十华诞献礼。

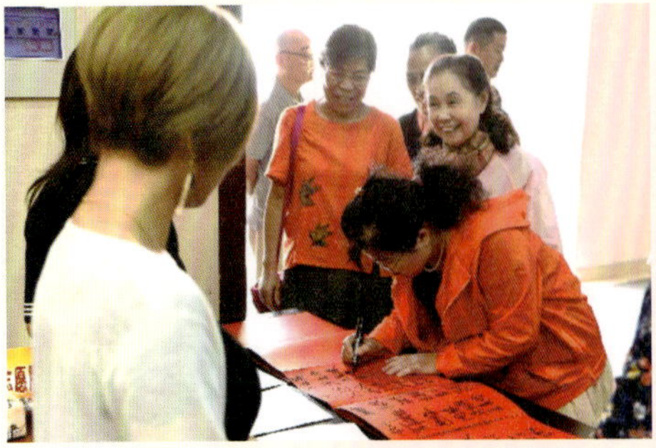

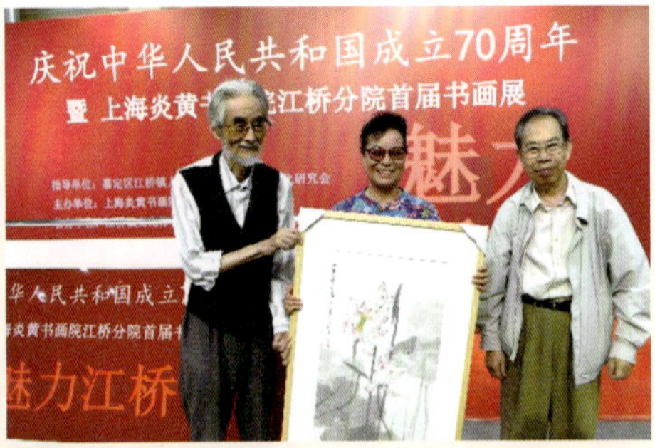
庆祝中华人民共和国成立70周年
魅力江桥

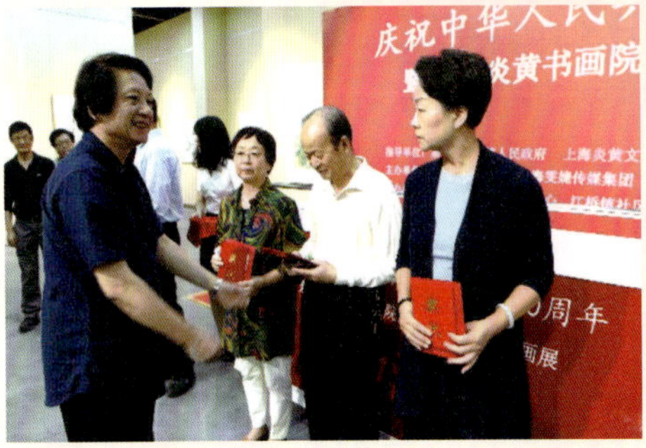

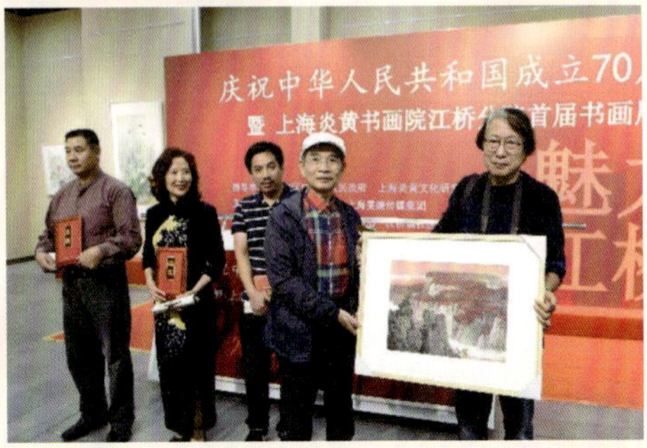

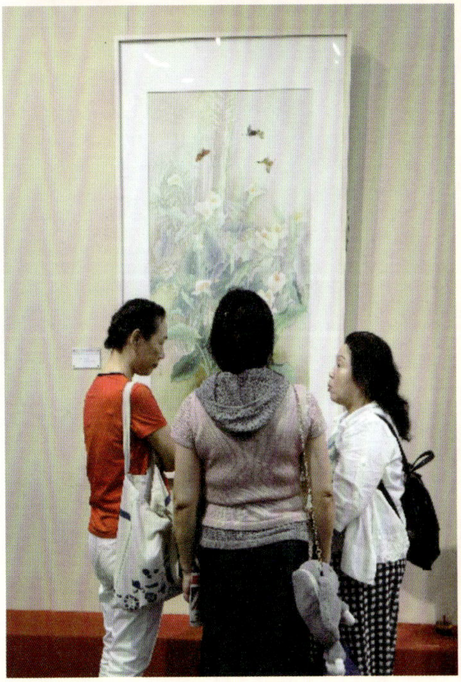

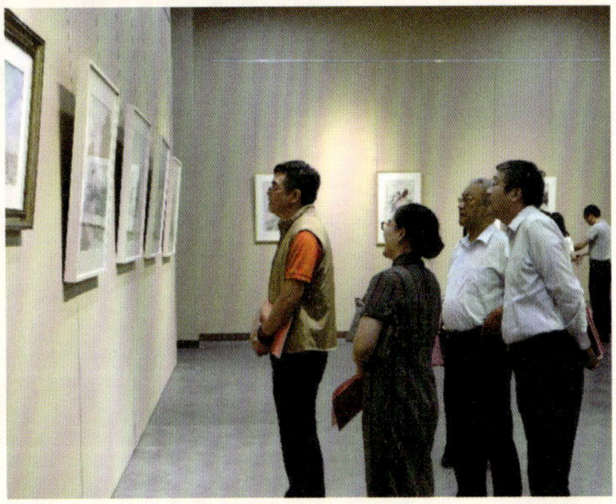

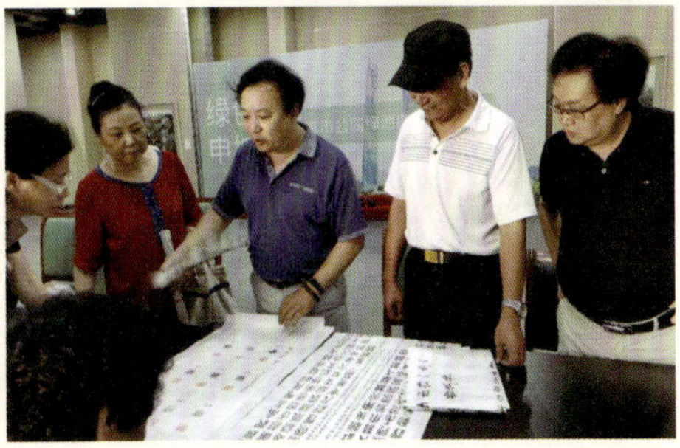

"魅力江桥——庆祝中华人民共和国成立70周年暨
上海炎黄书画院江桥分院首届书画展"撷影

12月8日

书画院举行"喜迎 2020 年新春笔会",书画艺术家陈谷长、陈小培、朱新龙、柴聪、诸黎敏联袂创作了多幅精品画作,作为给传承炎黄文化做贡献的全体会员单位的赠礼。研究会领导杨益萍、洪纽一、潘为民,书画院执行院长陆廷、副院长兼秘书长陈志强等参加了这一活动,对艺术家们表示了感谢。

12月18日

上海炎黄文化研究会和书画院在宝山革命烈士陵园举行油画《缅怀宝山革命烈士》捐赠仪式。

1949 年在解放上海的战役中,有 1886 位烈士被安葬在宝山烈士陵园。书画院书画艺术家王悌龙是上海宝山人,6 岁时亲闻解放宝山的隆隆炮声。为纪念先烈,他历时数十天,精心构思创作了这幅油画作品。在捐赠仪式上,王悌龙表示,能为纪念革命烈士贡献一点力量,倍感欣慰。

研究会领导杨益萍、洪纽一、潘为民和研究会会员、书画院艺术家 20 多人出席了作品捐赠仪式,并向烈士纪念碑敬献花篮。

2020年

1月14日

在研究会办公室举行书画院与黄浦区美协联席会议，商讨有关"灯塔展"创作的合作事宜。黄浦区美协主席孙化一、执行主席隋军、秘书长陆悦、书画院执行院长陆廷、副院长兼秘书长陈志强、院务委员会办公室主任林伟光出席。

3月31日

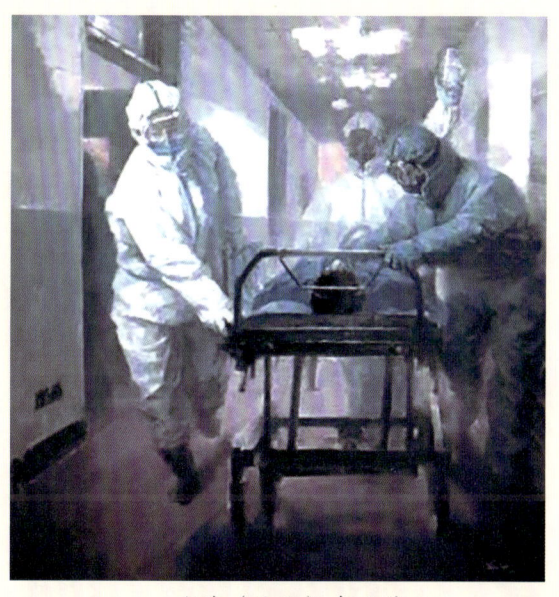

岁末年初，一场突如其来的由新冠病毒引起的肺炎疫情在武汉乃至全国各地迅速蔓延，一场抗击疫情、守护人民群众生命健康的没有硝烟的人民战争在全国打响。书画院的书画艺术家们，身在自我隔离，心在抗疫第一线，情系患者

火线（油画）贺子鉴

和英勇战斗的医护人员。大家以画笔为武器，用创作来表现可歌可泣的抗疫战场，用作品来声援讴歌白衣战士，在较短的时间里就创作出了70余幅绘画作品。

今日出版的研究会会刊《炎黄子孙》，以"抗疫，我们挥笔为戈"为标题，用封二、封三两个整版，选登了其中16幅画作，表达了艺术家的社会责任和社会担当。

5月11日

经过两个多月的努力奋斗，我国抗疫防控的人民战争取得了阶段性的效果，祖国大地迎来了山花烂漫的美丽春天。与此同时，在书画院艺术家的画笔下，一大批"用心、用情、用爱"反映上海广大医护工作者和市民群众同心同德抗击疫情的绘画作品应运而生，书画院不失时机地策划举办以"春天"为主题的画展。征稿通知发出后，得到了书画艺术家的积极响应，短短几天里就有数十位艺术家报名参展。

5月11日，由书画院主办、东方收藏艺术馆协办的第五季"源于生活·五月画展——春天"正式上线。本次展览是在今年的特殊时期举行的，是书画院举办的第一次线上作品展。展览由研究会常务副会长兼书画院院长洪纽一，执行院长陆廷，副院长陈谷长、柴聪，副院长兼秘书长陈志强，艺术家胡震国、张吉及东方收藏艺术馆理事长陶勇共同开启上线。

本次展览有三个特点：一是参展艺术家人数多，共有87位艺术家报名参展，其中半数以上是书画院的书画艺术家；二是年龄跨度大，长者80多岁，年轻的刚及而立，是一次老中青艺术家的线上盛会；三是作品品种多，既有传统的国画山水、花鸟和人物画，也有油画风景和人物画，既有传统水彩画，也有钢笔水彩画。画展既展现了书画院书画艺术家面对疫情"义无反顾、共克时艰"的真情大爱，又是对毛泽东同志《在延安文艺座谈会上的讲话》的最好纪念。

线上展览的作品汇编成名为《第五季"源于生活·五月画展——春天"作品集》的画册同时印制完成。

梅花诗意图（中国画）乔苏苏

精准施救（水彩画）
奚赛联

强信心暖人心（油画）
王燕德

武戏人生之一（中国画）
周卫平

7月1日

在东海航保中心上海航标处参观考察留影

  为了庆祝中国共产党成立100周年，在2019年下半年书画院就开始着手策划以"灯塔"为主题的专题创作，但是出于种种原因创作活动没能按计划开展，直至今天才正式启动。

  是日，书画院书画艺术家及黄浦区美协画家30余人，赴上海打捞局和东海航海保障中心上海航标处进行了参观考察。在上海打捞局，艺术家们参观了上海救捞陈列馆，并观看了海上搜救的现场视频。在上海航标处，这里的领导向艺术家们介绍了我国航海保障事业的历史沿革。艺术家还与救捞系统全国劳模吴志华面对面学习交流，并实地考察了海警巡逻船和航标灯塔安装设备，从而对"燃烧自己、照亮别人"的"灯塔"精神有了更深的认识。

  参观考察后，艺术家们纷纷表示，今天是党的生日，又是第二个"世界航海日"，这次活动特别有意义，为以后的艺术创作开了一个好头。

8月7日

书画院与黄浦区美协举行第二次视频联席会议，陆廷、陈志强、林伟光、孙化一、隋军、陆悦出席，研究确定"灯塔展"的必画题材，决定由炎黄书画院和黄浦区美协分头组织艺术家的采风活动。

8月9日

书画院院务委员、黄浦区美协执行副主席隋军，根据"灯塔"创作计划，组织长青艺术进修学校创作高研班学员和部分美协会员，赴浙江岱山参观中国灯塔博物馆，并进行灯塔主题写生采风。

8月19日

在东海航保中心上海航标处的支持下，书画院部分艺术家，在航标处党委领导和先进模范人物吴志华、池才明等同志的陪同下，从洋山港登上了交通艇，经过一个多小时的颠簸来到了远离大陆的大戟山岛，实地考察和体验战斗在灯塔第一线的"灯塔人"的工作和生活，学习灯塔战线优秀模范人物的先进事迹。

在大戟山岛灯塔考察留影

2021 年

1月11日

　　书画院召开2021年新年茶话会,研究会常务副会长兼书画院院长洪纽一,书画院其他领导及艺术家陆廷、陈谷长、陈志强、柴聪、韦献青、朱新龙、朱新昌、胡震国、奚赛联、周卫平、张吉、石滢、林伟光等出席。

　　与会者共同回顾了2020年抗击新冠疫情的斗争,书画院的艺术家们以线上线下结合的方式,用自己的绘画作品为抗击疫情助力。这种满怀家国情义、乐于奉献的精神值得肯定和发扬。在新的一年里,我们将围绕中国共产党建党100周年的重大题材,着力于"灯塔"主题的创作,力争再创佳绩。洪纽一院长在发言中对书画院艺术家的努力给予充分肯定,鼓励大家2021年创作出更多更好的作品。研究会秘书长潘为民在讲话中感谢艺术家们在过去一年的辛勤工作,并向大家送上了新年祝福。

2月2日

　　书画院与黄浦区美协举行第三次视频联席会议,陆廷、陈志强、林伟光、孙化一、隋军、陆悦出席。确定"灯塔"展创作3月底的截稿时间以及画册编辑工作分工。

3月6日

　　书画院与黄浦区美协举行第四次视频联席会议,陆廷、陈志强、林伟光、孙化一、隋军、陆悦出席。研究落实"灯塔"展作品的收画时间、地点,以及作品的装裱、配框,画册的摄影、编辑等工作。

3月29日

为支持书画院开展创作展览活动，上海雯婕传媒（集团）有限公司决定从今年起的5年内，每年定向资助上海炎黄书画院活动经费10万元。资助协议书签字仪式在江桥举行。雯婕传媒董事长唐志平与研究会常务副会长兼书画院院长洪纽一签署了协议书。研究会会长杨益萍、秘书长潘为民、监事曹金荣、办公室主任巢卫群，书画院陆廷、陈志强、柴聪、朱新昌等出席签字仪式。

上海雯婕传媒（集团）有限公司资助上海炎黄书画院协议签字仪式

4月11日

书画院与黄浦区美协举行第五次视频联席会议，书画院陆廷、陈志强、林伟光及黄浦区美协孙化一、隋军、陆悦出席，汇总"灯塔展"油画、中国画、水彩画、版画等各画种的作品名单，研究画展开幕式嘉宾名单、开幕式议程、邀请媒体等相关事宜。

4月30日

书画院与普陀区相关人员举行视频会议，落实"灯塔"展开幕式议程、出席嘉宾名单及布展日程安排，陆廷、陈志强、林伟光和普陀区政协办公室副主任靳文娟、普陀区美术馆范衍卿出席。

5月10日

"人民不会忘记——党史中的革命先烈"研讨会在研究会办公室举行，上海社会科学院历史研究所现代史研究室主任马军、副主任江文君，党史专家朱少伟、邵雍，书画院领导及艺术家洪纽一、陆廷、陈志强、林伟光、董元出席。与会专家学者对本次展览的选题给予了充分的肯定，并对创作内容、分类等具体事项提出了很好的建议。

"人民不会忘记——党史中的革命先烈"研讨会现场

5月12日

在迎接中国共产党成立100周年的日子里，经过一年多的精心筹备和创作，在普陀区政协支持下，由上海炎黄文化研究会主办、上海炎黄书画院与黄浦区美术家协会联合承办的"灯塔——庆祝中国共产党成立100周年作品展"在刘海粟美术馆分馆（普陀区美术馆）隆重开幕。市老领导周慕尧，普陀区政协主席杭春芳、副主席欧阳萍，研究会领导杨益萍、洪纽一、潘为民，市美协秘书长丁设、市创意办主任贺寿昌，黄浦区美协主席孙化一、执行主席隋军，东海航保中心上海航标处领导及航标战线模范人物等特邀嘉宾，以及著名艺术家张培础、黄阿忠、姜建忠、陈谷长、张安朴等200余人出

"灯塔——庆祝中国共产党成立100周年作品展"开幕式现场

席了开幕式。周慕尧和杭春芳共同为展览揭幕，洪纽一、贺寿昌在开幕式上发表了热情洋溢的讲话。

本次展览以歌颂中国共产党的"灯塔"精神为主旨，表现中国共产党为革命航船指引方向的壮丽画卷，反映党带领人民群众前赴后继、勇往直前的伟大形象。画展的举办，得到艺术家的热烈呼应。书画院和黄浦区美协的98位艺术家运用油画、中国画、水彩画、粉画等多种形式，创作了题材多样的绘画作品104件参展，其中多数作品系首次展出，不乏在构图、色彩、绘画技巧等方面给人以视觉冲击的佳作。《灯塔——庆祝中国共产党成立100周年》画册在开幕式上亮相。

上海航标处领导非常重视这次展览，把展览当作党员思想教育的课堂，参加开幕活动的航标处全体党员同志，以展览会海报为背景，在中国共产党党旗下合影留念。

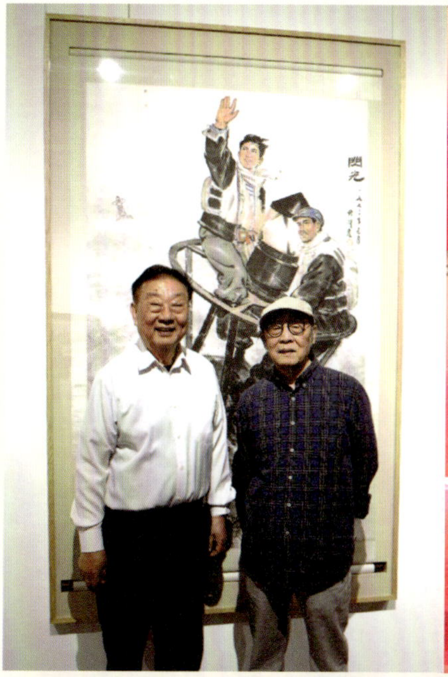

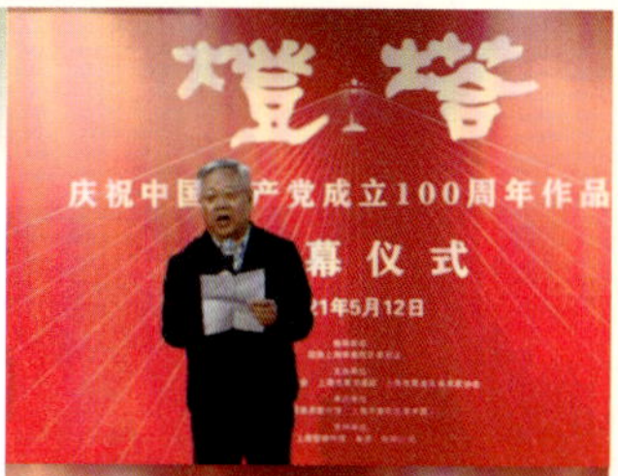

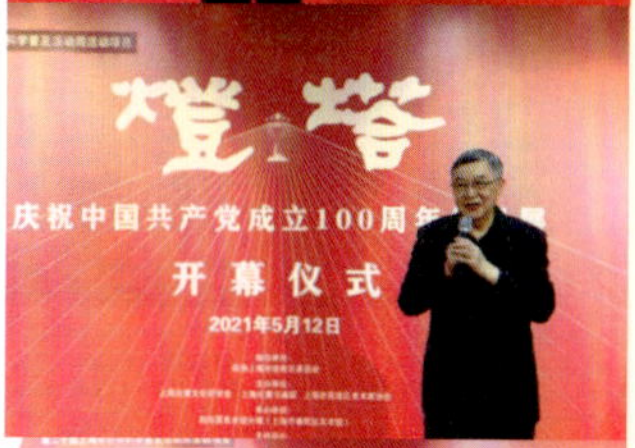
燈塔
庆祝中国共产党成立100周年
开幕仪式
2021年5月12日

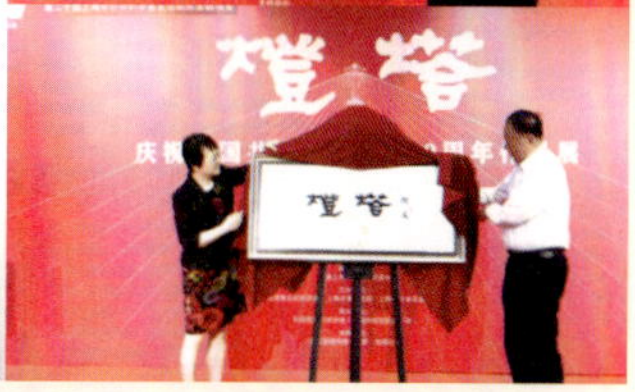

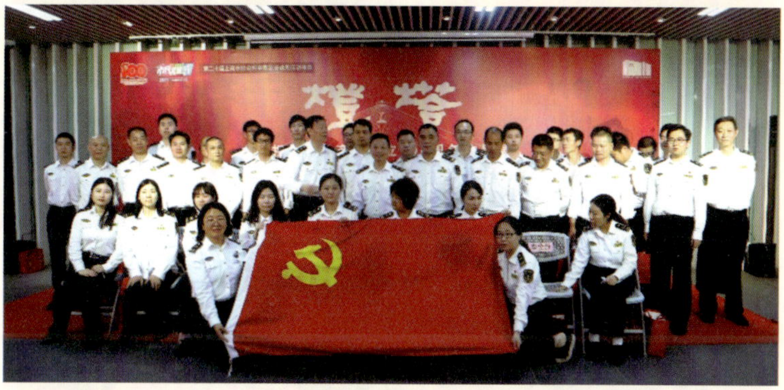

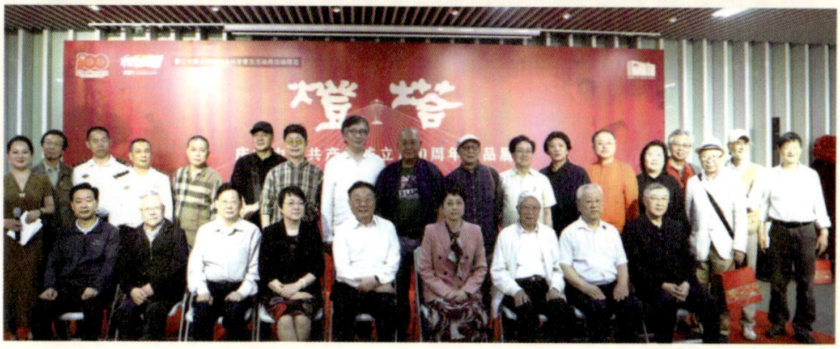

| 072 |

6月18日

为庆祝中国共产党建党100周年，由上海炎黄文化研究会、上海炎黄书画院策划主办的"人民不会忘记——党史中的革命先烈·董元绘画作品展"在嘉定区江桥镇文体中心隆重启幕。江桥镇新时代文明实践分中心同时展出其中的24幅作品。

书画院书画艺术家董元是一位有着48年党龄的老党员，又是一位曾被冠以"上海工人艺术家"称号的老画家。一年多来，年逾古稀的董元先生，饱含着对革命先烈的无限深情，花费了巨大的心力，用自己的画笔，为数以百计的革命先烈造像，形象地再现了党史中革命先烈可歌可泣的光辉形象。董元先生以100幅描绘革命先烈的水墨画，献给党的100周年华诞，实在是上海美术界值得记取的一件盛事。

为了使更多的社区群众能在家门口观看展览，展览在江桥镇文体中心和新时代文明实践分中心集中展出结束后，还分别下沉到两个社区居委进行巡展。同时，书画院还印制了一本易于携带的小型画册，收入展览的全部作品及相应的烈士事迹，分发到社区，供社区居民学习、欣赏，使展览真正起到普及党史教育的作用，也为社区居民学习党史提供了形象生动的教材。

6月22日

由书画院及研究会海派文化专委会参与举办的"百年传承中华腾飞——庆祝中国共产党成立100周年艺术联展"在东方收藏艺术馆开展。我院提供的20位书画艺术家的作品,与17位将军书画家的书画作品、40余件红色藏品等共同展出,首次与观众见面。

6月23日

由研究会青少年教育专委会主办的"葵花向阳童心向党青少年书法绘画展"在徐汇区田林三中开幕,该活动共收到书画作品1299件,生动地体现了新时代青少年爱党、爱国、爱人民的真情实感。书画院应邀委派陆廷、陈谷长、柴聪、胡震国、陈志强等5位书画艺术家担任展览的评审工作。

8月1日

在研究会办公室商议"烈火中永生——《革命烈士诗抄》中的英烈·董元绘画作品集"创作事宜,书画院领导成员陆廷、陈志强、林伟光及艺术家董元出席。会议研究了创作选题和创作时间进度,确定由董元在"人民不会忘记——党史中的革命先烈"作品基础上,补充创作"诗抄"中的烈士名单。

9月23日

由书画院与浦东新区周浦镇文化中心共同主办的"烈火中永生——《革命烈士诗抄》中的英烈·董元绘画作品展"在周浦美术馆开幕。

周浦镇党委副书记、镇长赵辉茂、副镇长周俊观看了展览。周浦镇党委委员齐卫平与研究会领导杨益萍、洪纽一、杨剑龙、潘为民和书画院书画艺术家们出席了画展开幕式。

本次展览共展出书画院书画艺术家董元根据《革命烈士诗抄》创作的80余幅作品。在这些革命英烈中,有建党初期英勇捐躯的革命先驱,也有各个时期为革命前赴后继的仁人志士。开幕式上,齐卫平、洪纽一致辞,杨剑龙即席朗诵诗作,董元还向周浦镇文化中心捐赠了3幅反映周浦、南汇三位革命烈士形象的绘画新作。这

次展览同样印制了小型系列画册，供广大观众及周浦镇社区居民学习、收藏。

"烈火中永生——《革命烈士诗抄》中的英烈·董元绘画作品展"现场撷影

12月31日

上海炎黄文化研究会新一届领导召开书画院迎新座谈会，会长汪澜、副会长兼秘书长马军，研究会老领导洪纽一、潘为民参加了座谈会。书画院书画艺术家陈谷长、陈小培、胡震国、柴聪、董元、隋军、李晓荣、张吉、周卫平、奚赛联、任敏、孙志奎、林伟光等出席，执行院长陆廷主持会议。

座谈会上，书画院副院长兼秘书长陈志强汇报了书画院近年来的工作，他说："我们书画院在研究会领导的关心支持下，始终坚持正确的政治方向，在艺术创作中，坚持把弘扬社会主义核心价值观和振兴中华的主旋律放在首位。书画院连续五年举办'源于生活·五月画展'，策划主办了'我的祖国·人文江桥油画作品展''一片冰心——高式熊书法篆刻艺术展''喜庆十九大——2018·古典诗词迎春书画展''绿色申城——上海城市公园绿地撷萃作品展''灯塔——庆祝中国共产党成立100周年作品展'，以及'人民不会忘记——党史中的革命先烈''烈火中永生——《革命烈士诗抄》中的英烈'等绘画作品展，每次展出都受到社会各界的一致好评。"

书画院老院长洪纽一回顾了过去一年的工作，感谢大家对书画院工作的支持，希望新的一年里，各位艺术家在创作中取得更好的成就。

书画院新任院长、著名画家朱新昌在发言中指出，新的一年里，要努力团结书画院各位艺术家，在采风、写生、展览、培训等方面为大家创造更多的机会，搭好平台，使书画院工作更上一层楼。

研究会会长汪澜在发言中充分肯定了书画院的成绩，即在创作中坚持把弘扬社会主义核心价值观放在首位，非常难能可贵；书画院在对艺术的热爱和追求艺术中，做了许多细致深入的工作和投入，精神可嘉。她鼓励各位艺术家在书画院新一届领导班子的带领下，群策群力，把书画院办得更好。

在座谈中，大家还集思广益，为新一年书画院的创作出谋划策。汪澜提出了一个以上海的母亲河苏州河为主题，反映上海城市的历史巨变的设想，赢得了与会同志的一致赞同。

书画院2022迎新座谈会撷影

2022 年

1月17日

新年伊始，在研究会会长汪澜的亲自带领下，研究会同仁走访了普陀区文化和旅游局，得到了区文旅局局长周涵嫣和区体育局党组书记许为民等同志的亲切接待。双方就共同举办"画说苏州河"创作活动初步达成了共识，决定首先以苏州河普陀段42公里岸线为基础进行创作。

5月23日

链子的强度——
取决于最弱的一环
（漫画）郑辛遥

第六季"源于生活·五月画展"系列画展"难忘的风景——2022·春天记忆"在线上首播。

2022年春天，一场突如其来的新冠疫情袭向浦江两岸，全市民众足不出户全力抗疫。在研究会领导的支持下，书画院向艺术家发出征稿启事，再次动员书画院同道用画笔记录在抗击疫情的斗争中，上海各界民众同心同德、团结互助、勇于担当、乐于奉献的难忘"风景"。征稿启事得到了书画院广大艺术家的积极响应。艺术家们一面做好居家抗疫，一面拿起画笔投入创作，在短短一个多月时间内，就有81位艺术家创作了147幅各具特色、精彩纷呈的绘画作品，组成了沪上抗疫的历史印记。书画院还印制了以《难忘的风景——2022·春天记忆》为题的画册。

纸本油画作品 李向阳

6月30日

研究会会刊《炎黄子孙》杂志2022年第二期，以两个整版的篇幅，选刊了"难忘的风景——2022·春天记忆"线上画展的14幅作品。

8月26日

新一届炎黄书画院首次办公会议在研究会办公室举行，会议通报了研究会对本届书画院领导成员的任命名单：

院　　长：朱新昌

执行院长：陆廷

副 院 长：陈志强、奚赛联、柴聪、任敏

秘 书 长：陈志强（兼）

会议研究了新一届院务委员会成员名单：

胡震国、周卫平、隋军、陈明园、张吉、林伟光（林伟光兼任院务委员会办公室主任）

会议确认书画院顾问名单：

张森、张培础、邱瑞敏、陈古魁、魏景山、周加华、李向阳、黄阿忠、姜建忠、张安朴

增补顾问两名：陈谷长、朱新龙

聘请名誉院长两名：吴孟庆、洪纽一

会议并研究了"画说苏州河"创作的有关事宜。

2023 年

2 月 4 日

院部举行视频新春团拜会，朱新昌、陆廷、陈志强、柴聪、奚赛联、任敏、林伟光、巢卫群出席。会议并商讨了"画说苏州河"筹备事宜。

2 月 9 日

普陀区文旅局副局长刘亦武、普陀区美术馆馆长张谦等来访，与书画院执行院长陆廷及研究会有关领导等商谈"画说苏州河"有关事宜，经商谈，达成以下共识：

普陀区方面希望画展在 2023 年 9 月上海文化旅游节期间举行，我方将按照这个时间节点落实创作进度；

研究会宣讲团将配合画展准备十次讲座的内容；

应我方要求普陀区方面同意与市文旅局联系落实书画院艺术家游览苏州河事宜。

2 月 13 日

上午在研究会办公室举行院部工作会议，商议"画说苏州河"画展工作进度及"五月画展"的安排。初步议定今年"五月画展"将以"春天——山河锦绣·润物无声"为题进行征稿。

3 月 3 日

陆廷与柴聪拜会长宁区图书馆，确定"五月画展"档期为 5 月 24 日至 6 月 15 日。

3 月 5 日

晚 7 时举行院部视频会议，朱新昌、陆廷、柴聪、奚赛联、陈志强、巢卫群等出席，商定近期组织苏州河游船专题采风活动。

3月20日

游船采风活动受到书画院艺术家的热烈欢迎,数天内就有数十人踊跃报名。3月20日下午,研究会领导和书画院部分艺术家40人参加了首批活动,游览线路自外滩源至长风公园码头。

3月25日

第二次苏州河游船采风活动3月25日下午举行,游览线路自丹巴路码头至外滩源,20位艺术家参加活动。

苏州河游船专题采风留影

3月31日

晚8时举行院部视频会议，朱新昌、陆廷、柴聪、任敏、陈志强、林伟光等出席，商议"五月画展"事宜。据统计，目前已有75位艺术家报名参展。

4月22日

"五月画展"收件工作顺利进行，今晚举行院部视频会议，朱新昌、陆廷、柴聪、任敏、奚赛联、陈志强、巢卫群、林伟光等出席，通报画册编排事宜，并决定聘请王守中为书画院顾问。

5月13日

应书画院顾问瞿谷量先生之邀，书画院组织部分艺术家赴位于浦东新区金海湿地公园内的瞿谷量艺术馆参加开馆仪式。

5月19日

根据有关专家预测，今年第二波疫情将在5月份逐渐爆发，今晚举行院部视频会议针对此突发情况进行专题研究。考虑到书画院艺术家年龄普遍较大，为了避免大范围的聚集活动，决定原定于5月24日下午举行的"五月画展"照常对外开放，但不举行人员集中的开幕仪式。

5月24日

作为第22届上海市社会科学普及活动周指定项目，由上海炎黄文化研究会和本院主办的第七季"源于生活·五月画展"系列画展"春天——山河锦绣·润物无声"展览于5月24日下午在长宁区图书馆开幕。我院81位书画艺术家选送了85件画作参展。本次展览虽然不设开幕仪式，但研究会会长汪澜、秘书长马军，我院院部领导成员及艺术家数十人仍陆续到达开幕现场以示祝贺。

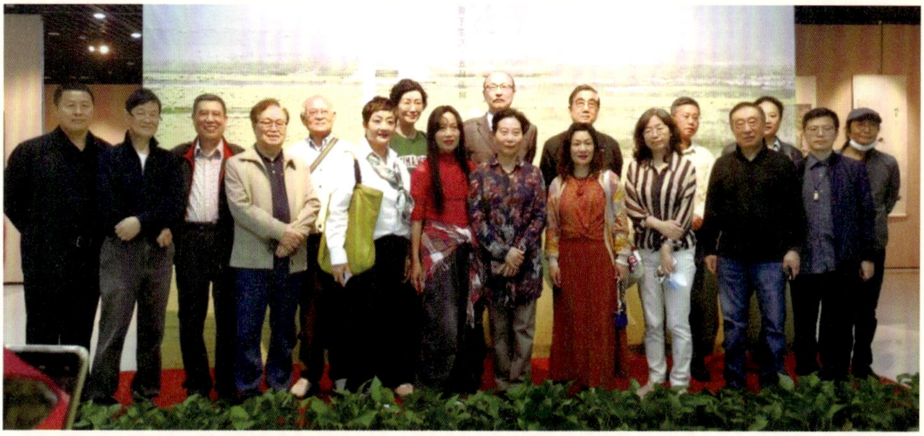

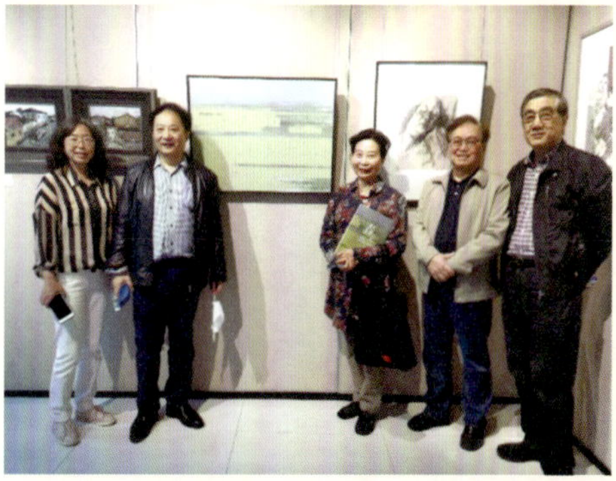

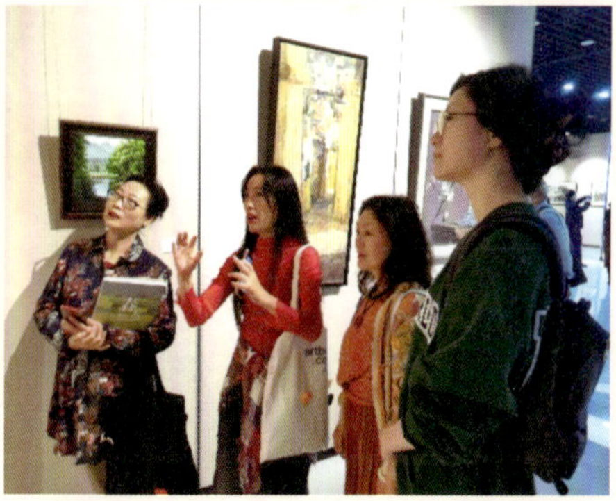

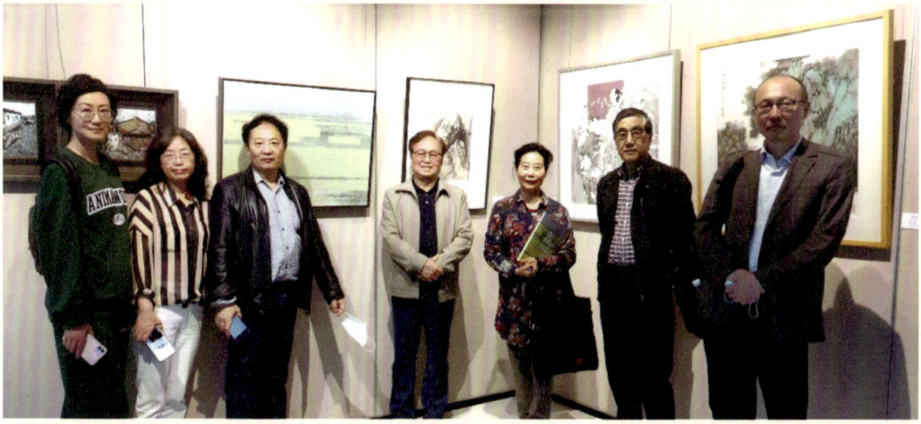

6月7日

下午，长宁区图书馆组织部分观众到"五月画展"现场举行专题参观，书画院领导成员和部分艺术家应邀进行"导览"。在带领观众参观时，艺术家们从作品的创作构思、风格技法等方面进行了详尽的介绍，并回答了观众的提问，受到现场观众的欢迎。

6月15日

下发"画说苏州河"作品电子稿收件通知：

刚刚送走了"春天"，又即将迎来"画说苏州河"收获的季节。这次画展参展作品将交由出版社出版画册，按国家出版物相关规定，需先向出版局申请书号，而申请书号需提供画册的主要内容和作品图录。为此，请各位参展艺术家务必在本月底前提供作品（或草图）的电子稿以供申报之用。

6月27日

下午在研究会办公室举行院部碰头会，朱新昌、陆廷、陈志强、柴聪、任敏、奚赛联、林伟光等出席。会上，对已收到的"画说苏州河"的60余幅作品电子稿及画册编排初稿进行了初步审查，并正式上报出版局。

9月5日

下午在研究会办公室举行院务办公会，朱新昌、陆廷、陈志强、奚赛联、柴聪、林伟光等出席。会议研究"画（话）说苏州河——'半马苏河'的前世今生"大型美术创作及宣讲文献主题展开幕式时间及议程，确定开幕式由研究会秘书长马军主持，普陀区文旅局局长周涵嫣、研究会会长汪澜及书画院院长朱新昌致辞，并举行《画（话）说苏州河——"半马苏河"的前世今生》大型画册的首发仪式。

9月20日

研究会会长汪澜在开幕式上致辞

  由上海市普陀区文化和旅游局、上海炎黄文化研究会主办，上海炎黄书画院、上海炎黄文化宣讲团和上海市普陀区美术馆承办的"画（话）说苏州河——'半马苏河'的前世今生"大型美术创作及宣讲文献主题展，今天下午在普陀区美术馆开幕。出席开幕式的有市老领导周慕尧、陈正兴，普陀区人大常委会副主任、区文联主席张雄伟，区文旅局党组书记、局长周涵嫣，区文联副主席马秋明，区文旅局副局长秦华，区文旅发展管理中心主任张谦，以及研究会会长汪澜、常务副会长杨剑龙、副会长刘平、副会长兼秘书长马军，研究会老领导杨益萍、洪纽一，上海市社联学会处处长梁玉国，书画院领导朱新昌、陆廷、柴聪、陈志强等，研究会宣讲团领导赵宏、王佩玲。上海市美协秘书长丁设、市美协顾问张培成、市美协油画艺委会主任姜建忠、上海美术学院原副院长张培础、华东师范大学美术学院副院长郑文，著名艺术家武国强、陈小培、许余庆、王悌龙、胡震国、奚文渊、陆小弟、贺子鉴、董元、陈伟中、周卫平、石滢、陈晓云，青年艺术家周胤辰、陈迪、安静、黄菁菁等，以及有关新闻媒体、社会公众等70余人出席了开幕式。

普陀区文旅局党组书记、局长周涵嫣
在开幕式上致辞

炎黄书画院院长朱新昌
在开幕式上致辞

开幕式上，周涵嫣、汪澜、朱新昌做了热情洋溢的讲话，研究会常务副会长杨剑龙还即席赋诗并朗诵《真情绘描母亲河——观摩"画说苏州河画展"有感》一首，把开幕活动推向高潮。

本次展览，书画院65位艺术家创作了76件绘画作品，其中油画36件（套）、中国画18件、丙烯画8件、水彩画7件、连环画4组（套）、固体油画2件、版画1件，主题涵盖我国早期民族工业发展、工人运动、工运领袖，以及沿河的历史文化、市民生活等，形式多样、内容丰富，表现出较高的艺术水准。在展陈形式上，本次展览不仅展出新创作的绘画作品，还把系列讲座的内容和图片浓缩到版面上，以一种图文并茂的新颖形式向社会公众亮相。同时，《画（话）说苏州河——"半马苏河"的前世今生》画册也已由上海文艺出版社正式出版，与社会公众见面。在今天的开幕式上由市老领导周慕尧、著名艺术家姜建忠为新书首发揭幕。

9月20日

由《文汇报》记者张晓鸣撰写的报道《"画（话）说苏州河——'半马苏河'的前世今生"主题展览开幕》在文汇App发布。

9月21日

上海炎黄文化研究会微信公众号发布"画（话）说苏州河——'半马苏河'的前世今生"画展及宣讲文献展开幕信息。

10月12日

"画（话）说苏州河——'半马苏河'的前世今生"画展活动小结座谈会借座中山公园"御花园"举行，研究会领导汪澜、杨剑龙、马军和我院领导成员出席。

10月15日

下午，在普陀区美术馆举行"画（话）说苏州河——'半马苏河'的前世今生"大型美术创作及宣讲文献主题展闭幕宣讲活动，为此次展览画上了一个圆满的句号。

闭幕宣讲活动主要分为两个部分：

第一部分，研究会副院长兼秘书长马军担任主讲人，他以自身对苏州河的感知为线索，讲述苏州河自1840年鸦片战争以来沿岸民族企业的变化、创办工厂所造成的积极和消极影响，与之相关的工人运动，以及1949年解放上海后对苏州河沿岸环境的治理。通过对苏州河不同阶段的研究和认识，可以窥见上海的发展趋势，现今苏州河的现代化管理也与上海的城市化发展进程相一致。

第二部分，由我院执行院长陆廷担任讲解员，从五个主题介绍65位艺术家创作的76件绘画作品，画作涵盖了我国近代民族工业发展和工人运动、沿岸历史文化和近现代市民文化的发展变化，形式多样，内容丰富，艺术造诣很高。

在活动的结尾，还邀请现场一位观众共同宣布本次大型美术创作及宣讲文献主题展闭幕。

2024年

1月24日

今年是上海炎黄文化研究会成立30周年和上海炎黄书画院恢复活动10周年的喜庆之年。作为研究会成立30周年系列活动之一，书画院迎春联谊会于1月24日下午在上海社科会堂隆重举行。市老领导周慕尧，上海炎黄文化研究会新老领导汪澜、杨益萍、洪纽一、杨剑龙，以及书画院90余位睽违已久的艺术家，在这里欢聚一堂，共同庆贺2024年新春的到来。

会议由书画院执行院长陆廷主持，副院长兼秘书长陈志强汇报了疫情以来书画院的工作情况。研究会副院长兼秘书长马军宣读了书画院新聘8位顾问的名单，同时宣读了书画院新聘33位书画艺术家的名单。

书画院院长朱新昌和研究会会长汪澜，在会上做了热情洋溢的发言。

研究会常务副会长杨剑龙教授，在毕业于中央音乐学院的古筝演奏家陈雅洁悠扬的古筝琴声伴奏下，即兴朗诵了《绘炎黄之魂——迎龙年呈炎黄书画院》的诗作。古筝曲《渔舟唱晚》和曲目串烧《女儿情》《琵琶语》，激起了到会嘉宾和艺术家们的阵阵掌声。

抽奖是书画院联谊活动的"传统节目"，由书画院艺术家捐赠的 27 幅国画、油画、水彩画、版画和书法作品，在热烈的气氛中分别"花落新家"，会场中一片欢声笑语。

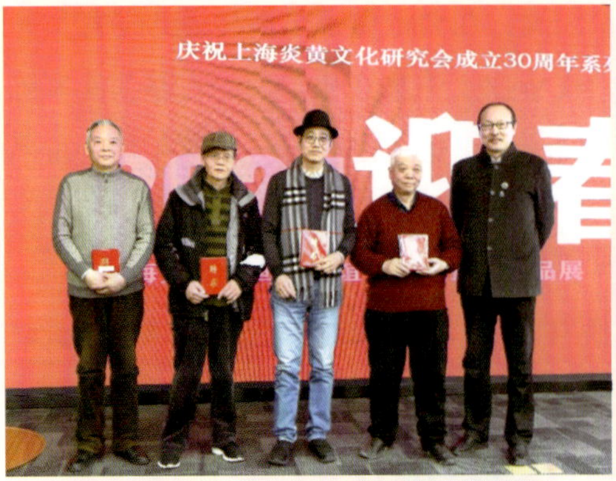
庆祝上海炎黄文化研究会成立30周年系
迎春

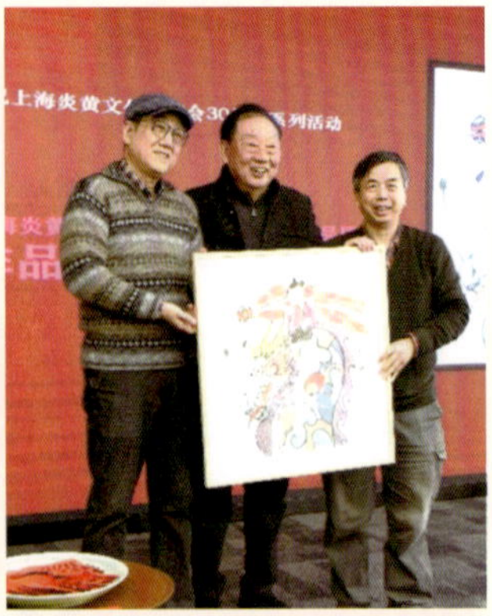

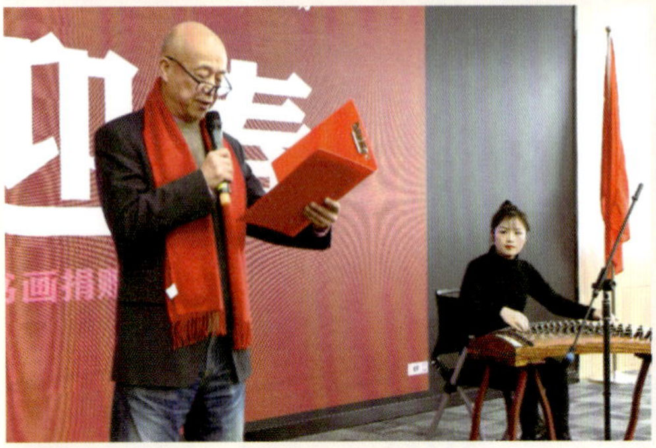

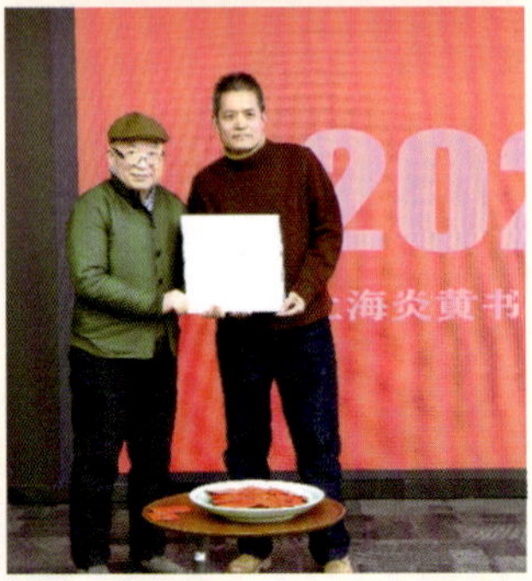

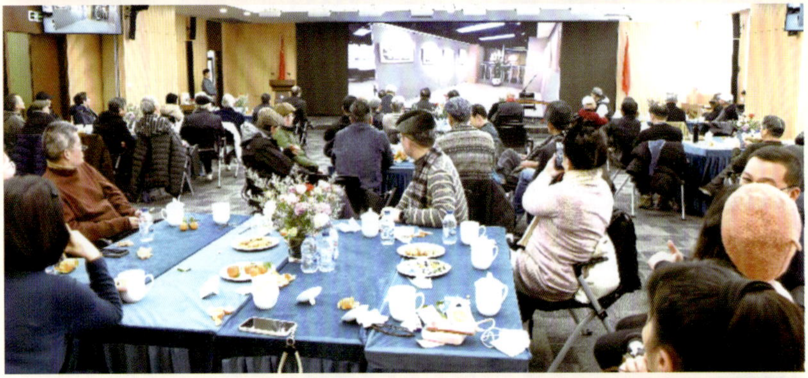

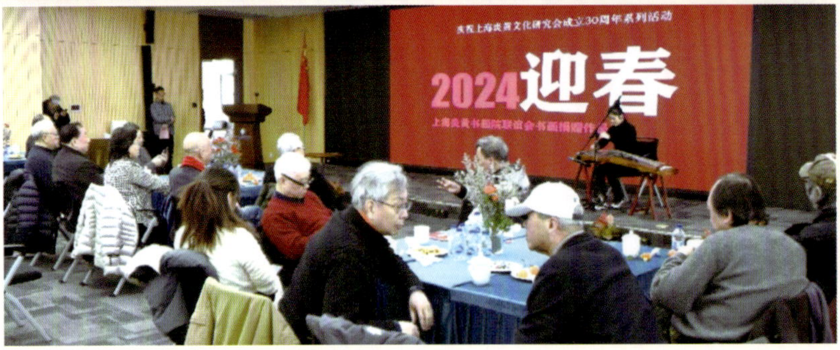
庆祝上海炎黄文化研究会成立30周年系列活动
2024迎春

5月23日

为纪念毛泽东同志《在延安文艺座谈会上的讲话》发表82周年，作为上海炎黄文化研究会暨上海炎黄书画院的传统项目，第八季"源于生活·五月画展"系列画展如约而至，画展主题为"江山如画·莘向未来——上海炎黄书画院2024年中国画邀请展"，于闵行区莘庄镇张渊艺术馆隆重开幕。市老领导周慕尧，闵行区政协主席祝学军、区文旅局副局长许丽华、莘庄镇党委书记吴敏华，研究会新老领导杨益萍、杨剑龙，上海文史馆馆员、著名画家张培础、张渊，上海女企业家协会理事长朱珠，书画院顾问瞿志豪、陈谷长、朱新龙，以及书画院领导及艺术家朱新昌、陆廷、陈志强、柴聪、陈小培、许根荣、忻秉勇、奚文渊、周卫平、董元、张吉、李晓荣等近百位嘉宾和观众出席了开幕活动。

领导同志与参展艺术家留影

首先，书画院副院长兼秘书长陈志强介绍了"五月画展"简况。本次展览共展出书画作品54件（套），其中有反映莘庄革命斗争、历史人文和自然景观的中国画、连环画作品13件（套）；有

书画院院长朱新昌在开幕式上致辞

以山水、花鸟和人物等绘画形式反映祖国大好河山的传统中国画 40 余幅，作者不乏上海画坛的名家大咖。

研究会常务副会长杨剑龙在会上做了题为"丹青言莘庄，芳墨咏山河"的致辞。杨剑龙热情洋溢的讲话激起会场的阵阵掌声。

书画院院长朱新昌在致辞中，对闵行区、莘庄镇各级领导及花宇（上海）投资公司、张渊艺术馆对画展的支持表达了衷心的感谢，并表示要再接再厉，更好地坚持"源于生活"的创作理念，以我们的画笔来表现伟大的社会主义新时代，体现我们民族的文化自信。

开幕式上，著名艺术家奚文渊、张渊和董元，向莘庄镇捐赠了中国画《守成先生写生图》和《莘庄镇革命烈士张复兴》，闵行区莘庄镇副镇长王麟向三位画家颁发了捐赠证书。

二 七彩颂炎黄 初心绘中华

上海炎黄书画院『五月画展』及重大题材主题展策划始末

习近平总书记指出："人民是创作的源头活水，只有扎根人民，创作才能获得取之不尽、用之不竭的源泉。"上海炎黄书画院建设发展的十年，是坚持毛泽东《在延安文艺座谈会上的讲话》精神、坚持习近平文化思想、坚持艺术创作"源于生活"、坚持扎根人民服务大众的十年。

十年来，书画院"以彩虹描画炎黄儿女屹立世界，用初心绘就盛世中华朗朗乾坤"，在建立文化自信、促进文化繁荣上发挥了应有的作用。我们期待在今后的日子里，一如既往、团结奋进，创作出更多更好的新作，为新时代社会主义文化建设做出更大的贡献！

2024年是上海炎黄文化研究会成立三十周年和上海炎黄书画院恢复活动十周年的喜庆之年。

十年来，上海炎黄书画院在周慕尧、杨益萍、汪澜三任研究会会长的关心支持下，在吴孟庆、洪纽一、朱新昌三任院长和执行院长陆廷的带领下，坚持习近平文化思想，在艺术创作中始终把弘扬社会主义核心价值观和振兴中华的主旋律放在首位，取得了一定的成绩。

我们以毛泽东《在延安文艺座谈会上的讲话》为指导，坚持"源于生活"的创作理念，连续举办了八季"源于生活·五月画展"，使这个展览成为书画院的品牌展。

无题（油画）徐文华

人物（油画）夏予冰　　　　　　　　夜（油画）周加华

2015年5月23日，首届"源于生活·五月油画展"在江桥上海书画院展示厅举行。这是"五月画展"在上海画坛的首次亮相，共展出油画作品80余件，其中包括邱瑞敏、夏葆元、夏予冰、石奇人、金纪发、徐文华、程俊杰、侯伟、章德明等诸多上海油画名家的精品力作，展现了艺术家深入生活的丰硕成果。

夏（油画）金纪发

黄土地（油画）石奇人

肖像（油画）姜建忠

云起（油画）于雨田

鼓声——圣地（油画）石奇人

田园春色（油画）殷正洲

2016年春，炎黄书画院油画名家联袂上海师范大学美术学院师生50余人，深入书画之乡江桥采风写生，创作出一批充满生活气息、洋溢着勃勃生机的好作品。5月23日，作为上海市社联"科普周"的活动之一，由上海炎黄书画院与上海师范大学美术学院第一工作室联合举办的第二季"源于生活·五月油画展"拉开帷幕。以邱瑞敏、魏景山、夏葆元领衔的炎黄书画院35位艺术家与师大美院俞晓夫院长率领的第一工作室19位师生，共提供95幅作品参展。书画院油画艺术家与艺术院校师生联袂合作，显示了强大的艺术生命力。

布展现场

  2017年5月23日第三季"源于生活·五月油画展——艺术+我们"在上海书画院展示厅开幕。本次展览最显著的特点，是以一批年轻油画家为创作主体，展出了孙志奎、陈小松、张忆周、姚冬青、王剑锋、吕洪樑、潘溯、严焓、周子瑾、杨炀、黄赛峰、陈明园等12位青年艺术家的91幅油画作品。这批艺术家都是20世纪70年代至80年代出生的年轻人。他们的脱颖而出，使画展充满了朝气。

2018年5月，在已经连续举办三届"源于生活·五月油画展"的基础上，"五月油画展"改版成"五月画展"，展出作品从以往单一的油画，扩展到水彩画、中国画等其他绘画形式，为书画院每一位艺术家参与画展创造了机会。5月25日改版后的第四季"源于生活·五月画展"，即"走进新时代——源于生活采风写生作品展"隆重开幕。此次展览是书画院此时正在进行的"绿色申城——上海城市公园绿地撷萃"主题创作活动的"衍生品"，相当部分作品是众多艺术家在这次主题创作中，在公园、绿地实地考察采风过程中所作的写生作品，是"源于生活"创作理念的生动体现。

嘉定千年银杏（油画）瞿谷量

老城如烟（油画）何珏颖

静·秋（油画）陈志强

树（中国画）陈古魁

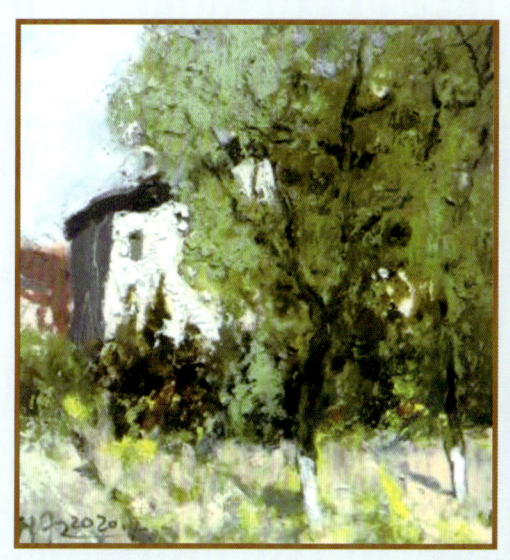

家门口的春天（油画）黄阿忠

回家（油画）石滢

春日（油画）隋军

2020年5月11日，由书画院主办、上海长宁区东方收藏艺术馆协办的第五季"源于生活·五月画展——春天"正式上线。本次展览是在新冠疫情暴发的特殊时期举行的，也是书画院举办的第一次线上作品展。本次展览有三个特点：一是参展艺术家人数多，共有87位艺术家报名参展，其中半数以上是书画院的书画艺术家。二是年龄跨度大，长者80多岁，年轻的刚及而立，是一次老中青艺术家的线上盛会。三是作品品种多，既有传统的国画山水、花鸟和人物画，也有油画风景和人物画；既有传统水彩画，也有钢笔水彩画。画展展现了书画院书画艺术家面对疫情"义无反顾、共克时艰"的真情大爱，也是对毛泽东《在延安文艺座谈会上的讲话》的最好纪念。

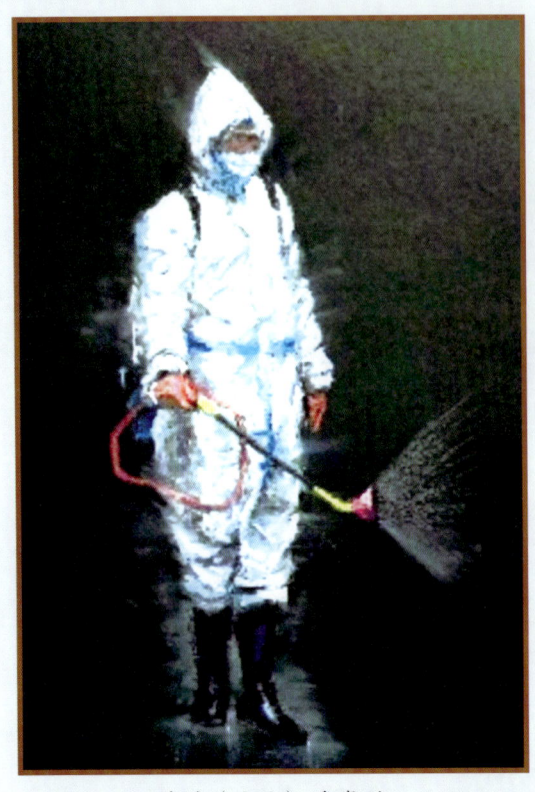

消杀（油画）奚赛联

社区核检（油画）陈迪

2022年春天，一场突如其来的新冠疫情反复袭向浦江两岸。在这特殊的背景下，我们在研究会领导的支持下，向全体书画艺术家发出征稿启事，再次动员书画院同道用画笔记录在抗击疫情的斗争中，上海各界民众同心同德、团结互助、勇于担当、乐于奉献的难忘"风景"。征稿启事得到了书画院广大艺术家的积极响应。短短一个多月时间内，就有81位艺术家创作了147幅各具特色、精彩纷呈的绘画作品，组成了沪上抗疫的全景式画卷。5月23日，第六季"源于生活·五月画展"正式上线，之后并以"难忘的风景——2022·春天记忆"为题印制了画册以作纪念。

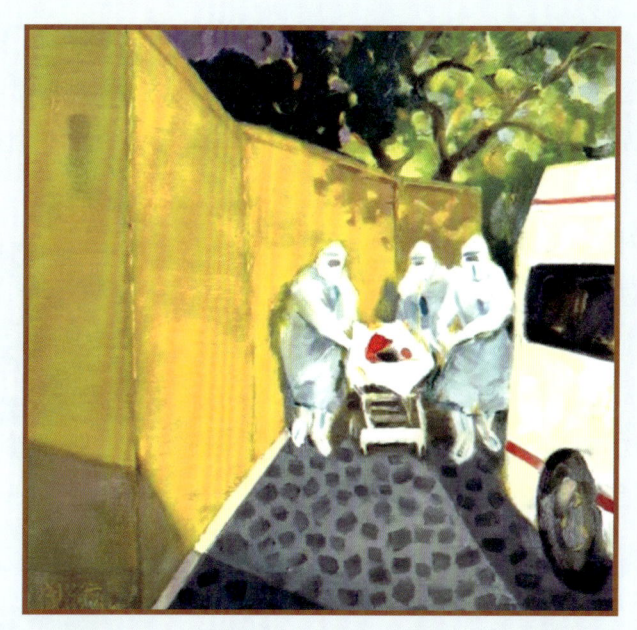

争分夺秒（油画）刘见谷

大白（油画）陆廷

2023年的春天格外值得珍惜，因为这是一个在经历了三年严冬之后，人们终于能够自由地走出户外听闻鸟语花香纵情交流的春天。对于书画院的艺术家来说，即将过去的春天也已化为涂刷在画布上的油彩、氤润在宣纸上的水墨、渲染在水彩纸上的色痕，他们用自己的画笔，再一次演绎和刷新了那些发生在春天里的故事。作为第22届上海市社会科学普及活动周指定项目，第七季"源于生活·五月画展"，即"春天——山河锦绣·润物无声"展览于2023年5月24日下午在长宁区图书馆正式对外展出，同名作品集也同步问世。此次展览不设开幕式，但研究会领导和许多书画院同仁依然在做好自身防疫的基础上，踊跃到展览现场观看展览。

本次画展书画院81位书画艺术家选送了85件画作参展。艺术家们纷纷以油画、水彩画、中国画、色粉画等不同的艺术形式和绘画手段，撷取生活中的各种场景和片段来表现春天的主题，每一幅作品都倾注了艺术家

王安石诗意图（中国画）韩硕

水墨人物（中国画）张培础

对春天的挚爱和真情。

到2023年，在连续举办七季"源于生活·五月画展"的同时，我们书画院还策划举办了多个重大题材的主题创作和展览活动：

2015年，在书画院恢复活动之初，为了真实反映改革开放以来，特别是在上海北虹桥建设过程中嘉定区江桥镇的飞速发展，我们组织艺术家深入江桥各村、点实地采风，感受江风桥韵，描画江桥之变。艺术家历时半年，以"我的祖国"为主题，创作出包括江桥新景、文化景点、古典庭院、江桥之桥、江桥之人等七大系列油画作品，并于2015年9月在江桥镇上海书画院展厅举办了"我的祖国·人文江桥油画作品展"。参加创作的35位画家中，不乏如邱瑞敏、夏葆元、夏予冰、石奇人、黄阿忠、俞晓夫、金纪发、徐文华、程俊杰、侯伟、章德明、陆廷等沪上油画界老中青名家。市老领导周慕尧，炎黄文化研究会领导杨益萍、洪纽一，嘉定区委常委、宣传部部长林峻，江桥镇党委书记袁航等百余人出席观展。本次油画展的推出，既能让江桥市民得以近距离地感受名家作品的艺术魅力，又展现了上海北虹桥建设和江桥镇的发展历程，对提升江桥的文化品位和发展文化事业谱写了新的篇章。

时任研究会会长周慕尧带领艺术家深入江桥社区考察采风

太平村（作品草图）胡震国

高式熊先生

经过数年准备,由上海炎黄文化研究会、上海炎黄书画院举办的"炎黄系列书画展"首展"一片冰心——高式熊书法篆刻艺术展"于2016年12月23日至27日在长宁区图书馆举行。

高式熊先生是资深的书法大家,又是书画院的首席顾问,在全国书法界享有极高的声誉,为高老举办展览是我们的夙愿。然而高式熊先生年事已高,晚年又身患重病行走不便,常年依靠轮椅车出行。用高老自己的话说:"我现在改名叫'高式能'了,下面脚唔没了。"为了筹备高式熊先生的新作,书画院同仁确实下了一番功夫。高式熊

先生晚年的书法艺术已入化境，求者若渴宾客盈门，每天都有"粉丝"上门求书。此种情况，根本没有办法让高老在家里安安静静地进行创作，无奈之下，我们只能与这些求书者打"游击战"，找准机会把高老"抢"出来，几乎每个星期都把高老接到研究会办公室或陆廷的工作室，请高老书写新作。展览展出的近60幅书法作品，基本上都是高式熊先生近三年来的新作，特别值得一提的是，就在2016年11月28日，当高式熊

"一片冰心——高式熊书法篆刻艺术展"展览现场

先生在《中国书法报》上看到新一轮"书写中国"的主题临写活动将以"习近平用典"为主题的消息，竟"夜不能寐"，不顾自己有恙在身，连夜挥毫书写了习近平总书记多次引用过的诗句"我劝天公重抖擞，不拘一格降人才"，为展览增添了极有意义的新作。

展览以"家学渊源师出名门、神汇于古声名鹊起、立足继承弘扬国粹、鲁庵印泥非遗传人、书坛名宿印学翘楚"五大部分、九块展板，较完整地反映了高式熊先生近90年的从艺生涯，以及他在书法篆刻艺术和印泥制作技艺的传承上的巨大贡献。

展览邀请了书画院副院长陈谷长先生为展览的特聘画家，为高老的十幅书法作品配图。其中高老用楷书和隶书书写的《心经》三幅，画家用白描手法为观音造像；高老用篆书书写的七幅荷花词，画家配了姿态各异的荷花图。高雅的构图和色彩，与高老的书法作品珠联璧合、相得益彰，获得了观众赞誉。对高式熊先生的篆刻作品，我们在策展中一改往常让观众用放大镜观看印章的传统陈列方式，采用了"大红灯笼高高挂"的创新手法，把小小的篆刻作品放大制作成大大小小的灯箱呈现在观众面前，具有很强的视觉冲击力。

展览中，我们还制作了一个用数百支旧毛笔构成的装置作品《传承》。这些旧毛笔是从上百位书画家和书画爱好者手中征集而来，在毛笔的提供者中，既有高式熊、张森、张培础、王劼音、陈谷长、瞿谷量、罗步臻这样年长的名家，也有胡震国、王守中、柴聪、李晓荣这样的中青年书画家，更多的是普通的书画艺术爱好者，甚至还有初出茅庐学习书法的小学生。这个装置作品象征着流传数千年的中国书画艺术，就是通过一代代书画艺术家和书画爱好者的不懈努力，用旧了多少毛笔，才得以代代相传、发扬光大。新颖的展出形式吸引了观众的目光，大家纷纷拿出相机和手机与展品摄影留念，观众的这种参观热情在以往的书法展览中很少出现。

研究会常务副会长杨益萍在陪同市政协老领导冯国勤参观时说："书法展览经常参观，但这样的展陈方式还是第一次看见。不仅高老的字写得好，可以说整个展览就是一件装置艺术品。"

《东方早报》记者陆斯嘉是在展出的最后一天前来参观展览的，她在参观后说："这个展览不同于一般的书法展，凑一些作品往墙上一挂就完事了。从作品选择、内容编排、展出手段、色彩运用等方面看，这个展览是经过'设计'的，符合展出主体高式熊先生这位期颐老人的年龄特征和岁末年尾迎接新年的时间节点，给人以喜庆祥和的感觉。"她还说："用'宫灯'来表现篆刻艺术，以及装置作品《传承》很有创意，把时尚的设计元素融入了古老的书法篆刻艺术，极大地增强了展出的可看性。"

"一片冰心——高式熊书法篆刻艺术展"工作照

展览受到市有关领导和社会各界的一致欢迎和好评。老领导金炳华、刘云耕、冯国勤、周慕尧、王传友等出席了12月23日的开幕式。本市文化艺术界知名人士顾振乐、陈燮君、李伦新、周志高、张森、丁申阳、黄阿忠、李向阳等，研究会领导杨益萍、吴孟庆、洪纽一、潘为民，上海文化发展基金会、西泠印社、太仓高式熊艺术馆和安吉高式熊艺术馆的代表，以及来自本市和江浙地区的书画爱好者和各界朋友约700余人冒着严寒出席了开幕式。长宁图书馆的大厅人山人海，连两边的楼梯上都站满了热情的观众。开幕式还邀请102岁的书画家顾振乐先生宣布开幕，博得了大家的一致喝彩，用现场观众的话来说，这次展览的开幕式可谓是"人气爆棚、盛况空前"。

展览受到了新闻媒体及社会各界的关注。上海电视台新闻综合频道在开幕当天就在《晚间新闻》中做了报道，次日的早新闻又再次重播，还制作了《可凡倾听》专题节目。《解放日报》、上观新闻、88艺术网、艺术收藏网、人民网、中央数字电视台书画频道等新闻媒体均对展览进行了密集的报道，对高老的书品、人品以及展览形式的创新给予了高度评价。

为庆祝党的十九大胜利召开，进一步弘扬中华优秀传统文化，由书画院主办的"喜庆十九大——2018·古典诗词迎春书画展"于2017年12月31日至2018年1月18日在周浦美术馆举行。这个展览是书画院推出的"炎黄系列书画展"的第二展。展览的开幕式在周浦镇文化活动中心影剧场举行，出席开幕式的有老领导金炳华、周慕尧、陈东，炎黄文化研究会领导杨益萍、洪纽一，浦东新区周浦镇党委书记李幼林、镇人大主席蔡赞石、镇党委副书记贡柳兰，著名书画艺术家高式熊、张森、张培础等，以及炎黄文化研究会的专家学者、炎黄书画院的艺术家和来自周浦镇的各界群众500余人。

高式熊与国画家朱新龙联袂创作书画作品

本次展览呈现三大特点：

一是"书画一体"。2016 年 12 月，书画院在长宁区图书馆举办了"一片冰心——高式熊书法篆刻艺术展"，此展在展览内容、展陈形式上做了一些探索。其中由书法大家高式熊与书画院副院长陈谷长联袂创作的七幅书画一体的"荷花图"，受到上海书画界乃至社会各界观众的一致好评。鉴于上次展览的成功经验，书画院发挥了书画艺术家"熔于一炉"的优势。探索书家与画家的融合，使作品展现"书中有画，画中有书"的景象，有助于准确体现古典诗词的意境，进一步弘扬传统文化。无疑，这样的创作过程，对书画家提出了更高的要求，需要书家和画家对诗词内涵有共同的理解，并通过共同的创作，达到相互辉映、相得益彰的境界。2017 年 3 月以来，经过大半年的精心组织和辛勤耕耘，作为书家与画家"书画一体"联袂创作的又一尝试，在书画院书画艺术家的共同努力下，参展作品终于尘埃落定，亮相于周浦美术馆。

高式熊在创作中

二是"老中青一体"。本次展览得到了书画院书画艺术家的热烈响应，共有45位艺术家参与创作。其中，书法家15位、国画家30位。他们中有德高望重的老艺术家，有英姿焕发的中年栋梁，也有风华正茂的年轻才俊。其中，高式熊先生以97岁高龄挥洒笔墨，与20位国画家携手创作了书画融合的作品49幅；另有书画家参展作品37幅，顾振乐先生以103岁高龄参

上海文联艺术团艺术家朗诵古典诗词

与创作。展览总共展出书画作品86幅，奉献了难得一见的艺坛奇观。

三是"视觉审美与听觉审美一体"。此次画展于2017年12月31日拉开帷幕，当天下午我们在周浦影剧院举办了喜庆十九大古典诗词朗诵会暨文艺演出，邀请了著名朗诵艺术家丁建华、陆澄等，登台朗诵歌颂十九大的诗作和书画展中展出的历代古典诗词。艺术家声情并茂的朗诵与舞台背景屏幕上播出的书画作品同步呈现，给人们带来视觉审美和听觉审美双重的艺术享受。同时，市文联艺术团的艺术家还献上了一台文艺节目，进一步增强了辞旧迎新的喜庆气氛。"古典诗词+名家书画+名家朗诵"相结合的艺术形式，是炎黄书画院在展览形式上的创举，可以让居民在家门口就能获得高品质艺术的熏陶和享受，对如何进一步增强文化自信、弘扬中华优秀传统文化是一次有益的探索。2018年2月4日，在嘉定区江桥镇的上海书画艺术馆举行了本次展览的书画巡展，并同时举办了小型古典诗词朗诵演出。同样受到江桥镇各界群众的欢迎和好评。

著名艺术家魏景山油画创作草图

　　这次展览活动的成功举办，也得到了新闻媒体的高度赞扬和连续报道。新媒体"艺术之睛"在报道中采用了"一场'书画一体'珠联璧合的艺坛奇观，你不容错过！"的通栏标题，指出："自古以来，中国古典诗词是中国传统文化的瑰宝，中国的书法、绘画又是屹立于世界艺术之林与西方绘画艺术截然不同的艺术样式。如何将这传承了几千年的古典诗词，通过书法家与画家的联袂创作，发掘出古典诗词'诗中有画''画中有诗'的深刻内涵，是摆在书画家面前的重要课题。基于此，上海炎黄书画院近期即创下了这一艺术创新的壮举！""从姹紫嫣红、杨柳拂面的芳菲三月，到落叶缤纷、银杏铺地的金色冬月，经过大半年的辛勤耕耘，这个作为书家与画家'书画一体'联袂创作的又一尝试，铺展画卷，不由让人眼目一亮，大有'诗笔峥嵘'之浩气。"

　　"一片冰心——高式熊书法篆刻艺术展"和"喜庆十九大——2018·古

典诗词迎春书画展"这两个"炎黄系列书画展",得到了上海文化发展基金会的肯定和好评,成为上海文化发展基金会的资助项目。

2017年5月,中共上海市委书记韩正在市十一次党代会工作报告中指出:"中外文化交相辉映,现代和传统文明兼收并蓄,建筑是可以阅读的,街区是适合漫步的,公园是最宜休憩的,市民是尊法诚信文明的,城市是始终是有温度的。生态之城更具韧性、更可持续。拥有绿色、低碳、健康的生产方式和生活方式,人与自然更加和谐,天蓝地绿水清的生态环境更加怡人。"报告为把上海建成"天蓝地绿水清"的生态城市指明了方向,也为上海的公园绿地建设提出了可持续发展的目标。

为此,书画院以上海城市公园(绿地)发展为切入点,策划了"绿色申城——上海公园绿地撷萃"创作活动,意在多角度、全方位地展现上海城市公园(绿地)的历史变迁和发展现状,并融入公园(绿地)周边现代化的城市景观,讲好上海城市故事。

在上海这个国际化大都市,从1868年8月初建外滩公园,到1949年5月上海解放的80年间,只建造了14个城市公园。新中国成立以后,党和政府极为重视城市公园和绿化建设,从1949年至1978年的30年里,就新建了长风公园等城市公园54个。改革开放之后,在社会主义现代化建设迅猛发展的同时,更是高度重视城市环境的保护和改善。1994年出台了《公园条例》,从法规层面为上海城市公园的发展提供了依据,传统公园纷纷敞开大门免费向市民开放,设施、环境也得到了极大的改善;世纪公园、辰山植物园、野生动物园、崇明生态公园、共青森林公园等一大批主题公园的建设方兴未艾;随着城市建设规模的不断扩大,另一种更贴近人民生活的"公园",如陆家嘴、延中、新天地、凯桥等大型绿地以及各种规模的城市绿地在商务区、居民区中落地生根,与高低错落的摩天大厦、风格各异的住宅建筑相映生辉,成为上海的城市"绿肺",为提高城市的空气洁净度、改善人民的生活环境发挥了极为重要的作用。"城市,让生活更美好"不再是挂在墙上的标语口号,而成为每一个上海市民正在享受到的"改革红利"。

用美术作品对百年来上海城市公园绿地进行系统的、全景式的描画是前所未有的大手笔,我们所以能提出这样一个大命题,得益于书画院书画艺术家的整体构成,既可以用油画表现具有西方园林特点的公园绿地,也可以用中国画表现民族特色浓厚的古典园林。这次创作活动由于主题鲜明、内容充实,被上海文化发展基金会确定为2018年上海市重大文艺创作资助项目。为使项目落地,我们在2017年8月安排了两次动员会,分别对国画家和油画家进行创作动员。第一次动员会恰逢倾盆大雨的恶劣天气,大家不顾风雨交加冒雨出席会议,许多艺术家到会时浑身淋得湿透,却毫无怨言。我们还对全市公园、绿地进行了全面摸底,列出了分布在全市各区的公园、绿地等共147个点的清单,将这些景点的简介发布到书画院的群里供艺术家"认领",并初步确定和落实了参加创作的画家名单。

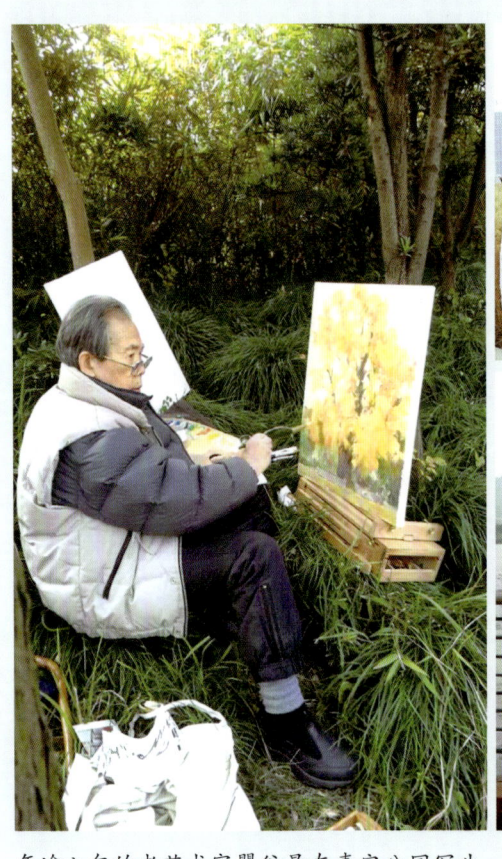

年逾八旬的老艺术家瞿谷量在嘉定公园写生

浦江两岸的滨江岸线绿化带是我们这次创作的重头戏。为此，我们组织几十位艺术家分批到滨江沿线进行了三次考察采风活动。除此之外，每一位承担创作项目的艺术家又根据自己的创作需要，一次次地到相关景点收集素材。从杨浦滨江的上海国际时尚中心、渔人码头，到虹口滨江的"星外滩"；从外白渡桥畔的老外滩，到十六铺码头的黄浦滨江；从卢浦大桥边的卢湾滨江，到吊车林立的徐汇滨江；乃至浦江东岸的陆家嘴绿地、前滩、后滩等景点，都留下了艺术家采风写生的足迹。年逾八旬的老艺术家瞿谷量，不顾年老体弱一次次到嘉定公园实地写生，把银杏树的美丽景色留在了自己的画布之上；为了表现青浦大观园的迷人风采，艺术家陈小培不顾自己的病体多次亲临现场，在创作中精益求精，一幅工笔重彩的《大观园》在他的笔下熠熠生辉；油画家王悌龙因为家离所创作吴淞炮台湾湿地公园距离较远，特地在公园附近借了旅馆过夜，以便第二天早晨到实地观察清晨的第一缕阳光……在公园绿地创作中，艺术家们尽心尽力，努力撷取最能表达景点风采的瞬间，留下了许多动人的故事。

为了保证创作质量,我们还多次组织创作草图的观摩交流。在油画创作交流中,书画院顾问、著名画家魏景山不厌其烦地对一幅幅创作草图进行点评。在国画创作交流中,大家畅所欲言群策群力,都为艺术家们进一步深入创作提供了宝贵的意见和建议。

经过一年的创作,在书画院艺术家共同努力下,在2018年底前完成了创作任务。"绿色申城——上海城市公园绿地撷萃"主题展于2019年3月在刘海粟美术馆分馆(普陀区美术馆)开幕。展览汇集了书画院和上海画坛众多知名艺术家创作的精品力作129幅,以风景画这一人民群众喜闻乐见的艺术形式,多角度、全方位地展现了上海城市公园绿地的历史变迁和发展现状,展现上海城市新貌,向中华人民共和国成立70周年献礼,得到了上海美术界和社会公众的欢迎和肯定。上海大学出版社出版的《绿色申城——上海城市公园绿地撷萃》大型画册正式对外发行,为创作活动留下了纪念。

著名艺术家魏景山点评创作草图

"绿色申城——上海城市公园绿地撷萃"创作交流撷影

古城春色（纸上水墨） 王劼音

  2021年7月1日是中国共产党建党100周年的盛大节日。100年来，我们党就像大海中的航标和灯塔，在茫茫黑夜中为革命航船指明前进的方向。今天，习近平新时代中国特色社会主义思想，又一次引领着中华民族伟大复兴这一巨轮的航向，走向更加辉煌的明天。

  "灯塔"主题的创意始于两年前。早在2019年6月，书画院的核心成员就赴浙江岱山的中国灯塔博物馆进行了参观考察，了解源远流长的灯塔发展史，为这一创作活动的策划提供了较强的思想理论依据。我们试图以在港湾和岛礁上巍然矗立的灯塔形象，歌颂一代代共产党人为革命事业前赴后继、赴汤蹈火，"牺牲自己、照亮别人"的"灯塔精神"。

  2020年春天，新冠疫情一度横行神州大地，延迟了我们的创作计划。然而在党中央和习近平总书记的坚强领导下，经过数月艰苦卓绝的斗争，祖国大地终于迎来了山花烂漫的美丽春天，被推迟的"灯塔"创作活动也得以正式启动，出于创作资金等原因，书画院与黄浦区美术家协会经过多轮商谈，决定联袂主办这次创作活动。

浙江岱山中国灯塔博物馆外景

艺术家参观中国航海博物馆救捞分馆陈列室留影

　　在上海打捞局和东海航海保障中心的支持下，2020年7月1日，我们组织了数十位艺术家，参观了中国航海博物馆救捞分馆陈列室，观看了"桑吉轮"灭火搜救的录像，深刻体会"把生的希望留给别人，把死的危险留给自己"的救捞精神。在上海航标处，艺术家们聆听了航标处领导的介绍，参观了航标战线全国劳模"吴志华创新工作室"和001号"上海海事"巡航轮，考察了灯塔、航标的生产安装流程，进一步加深了对"燃烧自己、照亮别人"的灯塔精神的理解。8月中旬我们又组织了一次小规模的考察活动。在上海航标处领导、航标战线模范人物池才明和模范工匠吴志华等陪同下，艺术家们随船出海，考察了大戢山灯塔，实地观察和了解灯塔的运行原理，体验一年365天坚守孤岛的灯塔守望者的工作与生活。同月，书画院院务委员、黄浦区美协执行主席隋军，又带领常青艺术进修学校高研班学员赴岱山中国灯塔博物馆参观采风，进一步收集创作素材。9月初，书画院顾问姜建忠等艺术家一行也自发前往岱山进行了参观考察。

绚丽多彩的生活实践、与新时代英模人物的零距离接触，为艺术家积累了丰富的创作素材，扩展了艺术家的创作视野。经过近8个月的辛勤努力，书画院和黄浦区美协的98位艺术家，创作了题材多样的绘画作品104件，其中中国画26件、油画65件、水彩画6件、钢笔水彩画1件、丙烯画2件、粉画1件、版画2件、素描1件。这些作品大多不是画夹里现成的"应景"作品，而是艺术家饱含真情的原创之作。其中，有还原大革命时期中国工人阶级前赴后继斗争历史的素描《上海工人第三次武装起义》、油画《红色回忆》；有再现革命先驱者光辉形象的油画《"共产党宣言"中文本译者——陈望道》、中国画《国歌的诞生》，还有表现中国共产党从石库门到宝塔山革命征程的中国画《上海中共一大——嘉兴南湖红船》、油画《石库门系列·红色记忆》等。油画《赴汤蹈火》、水彩画《东海施救》，展现了救捞战士的大无畏精神；中国画《海岛守卫者》重现了"人民楷模"王继才夫妇数十年如一日、以岛为家的家国情怀；油画《点亮自己，照亮别人》、水彩画《孤岛守望者——池才明》、中国画《劳模吴志华像》及油画《灯塔守护者》等作品，都以肖像或群像的形式，记录了灯塔人和救捞人的精神风貌。还有不少作品从各个不同角度反映了航标灯塔制造者的生产和生活。在参展作品中，有相当数量的画作是直接以屹立在祖国漫长的海岸线上的"灯塔"为表现对象的绘画作品，其中不乏在构图、色彩、绘画技巧等方面给人以视觉冲击力的佳作。

绿风（油画）李向阳

临江塔影（油画）王冠英　　　春（油画）周加华

深秋豫园（中国画）王守中

2021年5月12日,"灯塔——庆祝中国共产党成立100周年作品展"在刘海粟美术馆分馆隆重开幕,书画院顾问、著名画家张培础在20世纪70年代初创作的、表现航标工人劈波斩浪的经典之作《闪光》,在相隔近50年后再次亮相。这次展览是上海最早一批庆祝中国共产党百年华诞的美术作品展。

与此同时,我们又策划了"人民不会忘记——党史中的革命先烈"和"烈火中永生——《革命烈士诗抄》中的英烈"两个画展。

书画院书画艺术家董元是一位有着近50年党龄的老党员,又是一位曾被冠以"上海工人艺术家"称号的老画家。为庆祝建党100周年,年逾古稀的董元先生饱含着对革命先烈的无限深情,创作了展现100余位革命先烈光辉形象的100幅绘画作品,再现了党史中革命先烈可歌可泣的光辉形象。嗣后,董元在短短几个月内,又创作出了数十幅以《革命烈士诗抄》为蓝本的烈士群像。一大批原来以诗作而流芳后世的革命英烈——中国共产党的优秀党员和非党的布尔什维克——的英雄形象,在董元先生的画笔下,立体地呈现在了我们面前。为此,书画院策划了这两个展览,在纪念党百年华诞的日子里,分别在嘉定区江桥镇文体中心、江桥镇新时代文明实践分中心和周浦美术馆,以及社区居委巡回展出。此外,还印制了易于携带的小型画册,为广大社区居民学习党史提供了形象生动的教材。

刑场上的婚礼（中国画）董元

2022年初，在研究会会长汪澜的带领下，我们走访了普陀区文旅局，就共同举办"画说苏州河"创作活动达成了共识。为了进一步了解和熟悉苏州河的历史和现状，书画院在2月、3月两次组织艺术家参观沪西工人半日学校陈列馆、顾正红纪念馆、上海纺织博物馆等纪念场馆，并沿着苏州河岸线考察了工业历史遗存和普陀新景，加深了对苏州河两岸在上海解放后，特别是改革开放以来旧貌变新颜的理解。

　　经过艺术家们一年多的努力，"画（话）说苏州河——'半马苏河'的前世今生"主题展于9月20日在普陀区美术馆隆重揭幕。参与创作的65位艺术家，献出了76件绘画作品，主题涵盖我国早期民族工业发展、工人运动和工运领袖，以及苏州河沿岸的历史文化、市民生活等，形式多样、内容丰富，表现出较高的艺术水准。在展陈形式上，本次展览不仅展出新创作的绘画作品，还结合研究会宣讲团在普陀区图书馆同时举办的"话说苏州河"系列讲座，把讲座的内容和图片浓缩到图板上，让其以一种图文并茂的新颖形式向社会公众亮相，取得了良好的社会效果。

以彩虹描画炎黄儿女屹立世界，用初心绘就盛世中华朗朗乾坤。上海炎黄书画院的艺术家们，期待在今后的日子里，一如既往、团结奋进，在习近平文化思想指导下，创作出更多更好的绘画新作，为新时代中国特色社会主义文化建设做出应有的贡献！

考察沪西工人半日学校陈列馆留影

三 书画院十年·画展集萃

在上海炎黄书画院建设发展的十年中,在历届研究会领导的关心支持、直接领导和全院书画艺术家的共同努力下,我们坚持推动文化繁荣、建设文化强国的正确方向,连续举办了八届"源于生活·五月画展",两届"炎黄系列"作品展,并围绕社会主义新时代各个发展阶段和党的百年华诞,策划、组织了七个主题绘画作品展,得到社会各界和基层群众的欢迎和好评。配合每次展览所出版和印制的精美画册,定格了我院书画艺术家在中华民族现代文明建设大道上甘于奉献、勇往直前,一步一个脚印的前进足迹。这里集萃了从2014年至2024年的十年间,由丁锡满、杨益萍、洪纽一、汪澜、马军等历届研究会领导及张森等著名书画家为画册撰写的"前言""后记"以及部分画作,一定程度还原了上海炎黄书画院的发展历程。

上海炎黄书画院 2014—2024 年 画展汇总

1 云淡峰起——上海炎黄书画院作品展
   2014 年 9 月 26 日 江桥上海书画院展示厅

2 首届"源于生活·五月油画展"
   2015 年 5 月 23 日 江桥上海书画院展示厅

3 我的祖国·人文江桥油画作品展
   2015 年 9 月 28 日 江桥上海书画院展示厅

4 第二季"源于生活·五月油画展"
   2016 年 5 月 23 日 江桥上海书画院展示厅

5 一片冰心——高式熊书法篆刻艺术展
   2016 年 12 月 23 日 长宁区图书馆展览厅

6 第三季"源于生活·五月油画展——艺术+我们"
   2017 年 5 月 23 日 江桥上海书画院展示厅

7 喜庆十九大——2018·古典诗词迎春书画展暨诗歌朗诵会
   2017 年 12 月 31 日 周浦镇文化活动中心影剧场·周浦美术馆

8 "喜庆十九大——2018·古典诗词迎春书画展"巡展
   2018 年 2 月 4 日 江桥上海书画院展示厅

9 走进新时代——源于生活采风写生作品展（第四季"源于生活·五月画展"）
   2018 年 5 月 25 日 江桥上海书画院展示厅

10 上海炎黄书画院 2019 迎春画展暨新春联谊会
   2019 年 1 月 25 日 江桥上海书画院展示厅

11 绿色申城——上海城市公园绿地撷萃作品展
   2019 年 3 月 15 日 刘海粟美术馆分馆（普陀区美术馆）

12 魅力江桥——庆祝中华人民共和国成立 70 周年暨上海炎黄书画院江桥分院首届书画展
   2019 年 9 月 23 日 江桥上海书画院展示厅

13 第五季"源于生活·五月画展——春天"（线上画展）
   2020 年 5 月 11 日 上海长宁区东方收藏艺术馆上线

14 灯塔——庆祝中国共产党成立 100 周年作品展
   2021 年 5 月 12 日 刘海粟美术馆分馆（普陀区美术馆）

15 人民不会忘记——党史中的革命先烈·董元绘画作品展
   2021 年 6 月 18 日 江桥镇文体中心 / 江桥镇新时代文明实践分中心

16 烈火中永生——《革命烈士诗抄》中的英烈·董元绘画作品展
   2021 年 9 月 23 日 周浦美术馆

17 难忘的风景——2022·春天记忆（第六季"源于生活·五月画展"，线上画展）
   2022 年 5 月 23 日 "上海炎黄文化研究会"微信公众号

18 春天——山河锦绣·润物无声（第七季"源于生活·五月画展"）
   2023 年 5 月 24 日 长宁区图书馆展览厅

19 "画（话）说苏州河——'半马苏河'的前世今生"大型美术创作及宣讲文献主题展
   2023 年 9 月 20 日 刘海粟美术馆分馆（普陀区美术馆）

20 江山如画·莘向未来——上海炎黄书画院中国画邀请展（第八季"源于生活·五月画展"）
   2024 年 5 月 23 日 张渊艺术馆

畅想·新华浦桥（油画）丁设

"我的祖国·人文江桥油画作品展"前言

丁锡满

　　江桥在上海的城乡接合部，原来是嘉定的农村，改革开放之后发展成为上海西郊的一个大型的市坊。这里车来人往，市面繁忙，流金淌银，百业兴旺。因为是新兴市坊，文化建设还没有跟上。但江桥毕竟是嘉定的江桥，而嘉定是文化古城，因此江桥人就有着传统文化的基因。基因是一种遗传密码，是天生的本能的东西。人文嘉定必定会诞生人文江桥。当江桥地区的经济高速发展之后，江桥镇政府自然而然地把文化建设提上了议事日程。依托着北虹桥交通枢纽为中心的大虹桥建设，地处虹桥北部的江桥，正在主动对接虹桥交通枢纽，正在逐渐形成北虹桥商务新市镇，重点发展总部经济、电子商务、文化创意、信息服务和金融服务产业。北虹桥南端的苏州河北岸，就要打造成滨江文化景观带。

不但镇政府重视文化建设，江桥的企业家也富而思文，结缘文化。上海雯婕传媒集团早已把上海市文联所属的上海书画院引进江桥，为书画家们创作提供各种方便。接着镇政府又让上海市社联所属的上海炎黄文化研究会落户江桥，为上海炎黄文化研究会的炎黄书画院提供创作和展览的场地。江桥镇政府还准备把华江支路打造成海派文化一条街。

这样，在不久的将来，江桥地区将具有滨江文化景观带和华江海派文化一条街这一纵一横两条文化长廊。由于上海市文联和上海市社联都有所属文化团体进驻，江桥地区紫气东来，不但财源旺盛，更有文星高照。于是鸿儒翩至，珠履频来，时闻孔孟之言，屡办书画之展，儒风习习，一气盈盈，使商务江桥开始走向人文江桥，上海西部又多了一个文化亮点。

东明美味·非遗传承（油画）章德明

为了真实反映改革开放以来特别是北虹桥建设过程中江桥地区的飞跃发展，上海炎黄文化研究会的炎黄书画院组织了一批著名画家深入江桥各村各点实地采风，亲身感受"江风桥韵"，浓墨重彩描画江桥之变，创作出七大系列的油画作品，包括江桥建设发展新景观、江桥文化景点、古典庭院、江桥之桥、江桥之人、太平村之歌、精神文明之花等，以"我的祖国"为主题，举办"人文江桥"油画展。参加画展创作的35位画家，都是当代上海油画界的中坚，其中有市美协副主席和常务理事、美院院长、博士生导师等。这样的创作阵容，这样的发展新貌，以此看来，这个油画展当然是高端画展。如此高端的画展近几年来一再在江桥举行，江桥的文运文广、儒风儒气能不盈溢四射吗？

2015年9月

第二季"源于生活·五月油画展"前言

杨益萍

第二季"源于生活·五月油画展"由上海炎黄书画院与上海师范大学美术学院第一工作室联合举办，于今天拉开序幕。值此百花争艳的春天，油画艺术的鲜花，在书画之乡江桥再度绽放。

五月油画展，是画家深入生活的成果展示。它选择于每年5月23日开幕，反映了一种价值取向，那就是坚持毛泽东《在延安文艺座谈会上的讲话》精神，以"艺术源自生活、艺术表现生活"为主题。这些年，随着文化环境变化，一些人指责"生活是文学艺术源泉"的原则"陈腐""过时"了。然而，生活之树常青，真理没有过时。正如习近平所说：艺术可以放飞想象的翅膀，但一定要脚踏坚实的

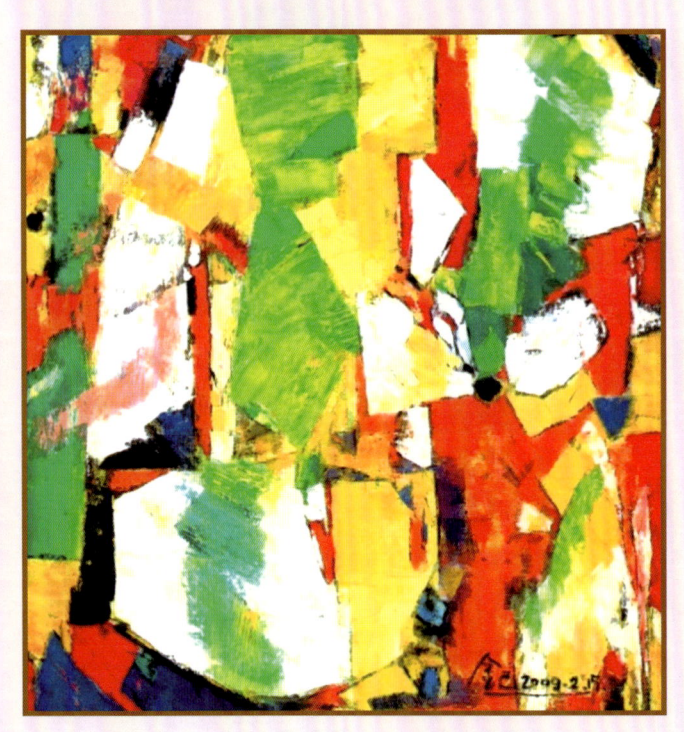

彩韵（油画）金纪发

上海的一月（油画）　徐乔健

大地。应该用现实主义精神和浪漫情怀观照现实生活，用光明驱散黑暗，用美善战胜丑恶，让人们看到美好，看到希望。五月油画展，正是让人们看到了这样一种希望。画家们重视写生，善于通过写生收集素材，提炼生活，选择新颖的角度，创作出别开生面的好画。参展的作品，无论是赞美大自然，还是描写普通人们生活，都体现了这样一种努力，因而充满生活气息，洋溢着春天的生机。

五月油画展，也是艺术服务大众的成功实践。艺术家们投身于市社联开展的"科普周"活动，致力于艺术普及，让美学精神回馈社会，回馈大众，表现了一种可贵的自觉。古往今来，真正的艺术家总是精益求精，以作品服务大众，绝不是闭门造车，孤芳自赏，故步自封。"衣带渐宽终不悔，为伊消得人憔悴"。这个"伊"，就是人民大众。自觉地融入时代，融入社会，为大众创作更多优秀作品，用真情真心回报人民的厚爱，这是五月油画展显现的另一个特点。

透过五月油画展的芳香，可以看到画家们的一种努力，那就是坚持以生活为创作源泉，发扬艺术的原创精神，追求真善美的理想境界。在此，谨向不断努力默默耕耘的画家们致以敬意。

2016年5月

"一片冰心——高式熊书法篆刻艺术展"前言

张 森

高式熊先生是当今书坛德高望重的前辈书家,书佳人好,被誉为德艺双馨的书法篆刻家。

高式熊先生1921年4月生于浙江鄞县,祖籍浙江绍兴。其父尊高振霄是晚清翰林太史,著名书法家。高先生幼承庭训,书法每日有日课,书体则真草篆隶、钟鼎甲骨无所不包。篆刻亲炙其父执赵叔孺、王福庵诸大师,从古文字学入手,为研究印学打下扎实的基础。高先生青年时期即辑成《篆刻存景》和《西泠印社同人印传》,饮誉印坛。20世纪40年代为收藏家张咀英汇辑《张鲁庵所藏印谱目录》,此后又有自选本《式熊印稿》等出版。八旬后,犹能作蝇头小楷,雍容典雅,颇具灵秀精巧之态。晚年小篆用笔遒劲古雅,圆浑之中见隽逸。耄耋之年有此笔力,真可谓人书俱老,殊不易也。

书法是被称为我国国粹的传统艺术,它是在汉字书写的基础上发展而来,早在周朝书写文字已成为一种专门技艺,被定为"六艺"之一,以后随着篆、隶、正、行、草书体的演变,构成了一个完整的书法体系,这种演变是符合汉字书写约定俗成的规律。因此,书法必须讲究传承,没有传承就谈不上书法。艺术上的创新等于科学上的发明,难度是很大的,不是随心所欲所能凑成的。书法家原来是几百年出一个,现在是一年出几百个,大家把这门艺术看得太简单了。高式熊先生才是一位真正的书法家。他治学严谨,书法隽永灵动,篆刻远追秦汉,近取赵叔孺、王福庵,冥会前人而不袭陈规,能事笔法在刀法中升华,刀法在性情中演绎。

高先生淡泊名利,为人真诚,在创作之余,还热心公益,经常参加慈善活动,对待晚辈也谦逊而平等,对学生更是循循善诱,悉心教诲,充满期许。凡接触过高先生的人无不为之感动,故其门人弟子成才者甚夥。高先生不遗余力弘扬传统文化,善莫大焉。

此次展览展出了高式熊先生历年创作的精品和近作,一如高先生身上所体现的宽容乐观、平易近人等品质,是我们学习的榜样。

海上艺林喜有高式熊先生增光添彩,实乃幸事也。祝愿高先生寿登期颐,永葆青春!

龙(书法) 高式熊

2016 年 10 月

第三季"源于生活·五月油画展——艺术+我们"前言

杨益萍

五月,鲜花盛开的季节,油画艺术的花朵再次在江桥绽放。由上海炎黄书画院创办的第三季"源于生活·五月油画展",今天拉开序幕。我们谨对画展的举办表示热忱祝贺。

"源于生活·五月油画展"已连续举办三年。今年最显著的特点,是以一批年轻的油画家为主体。画展展出了12位画家的91幅作品。

永生之河——张爱玲系列 No.1(油画) 陈明圆

这12位画家,都是20世纪70年代至80年代出生的年轻艺术家,他们的脱颖而出使画展充满朝气。

这些作品,有的着重表现人的生活。如画家自述:"以自己的生活经验细心体会普通人的生活状态,用绘画来讲述底层老百姓的生活和感情故事。"以此来表现自己身边同龄人的生活,展示他们面对挑战勇于进取的精神,在现实生活中追求梦想的境界。

这些作品,有的着重表现对自然环境的关注和思考。如画家自述:"反思当下过度消费的生存环境,表达人文主义的关怀。"以此来表现烟波浩渺的大海,展示在海上写生体验浮想联翩的成果。

这些作品,有的表现对上海文化遗产的珍惜和怀恋。如画家自述:以"上海弄堂"为题材,"对昔日的老弄堂注入人文关怀,试图在绘画语境中找回已经缺失的精神家园"。这里以老房子里的生活经历为素材,表现老房子的鲜活生活,散发着浓浓的本土气息。

这些作品，都注重在平凡生活中发掘艺术美。如画家表述："在繁华匆忙的都市生活浪潮中，努力表现自己对都市文化的理解，对都市人复杂心态的感知"；"把那些触动自己心灵的所见所闻的物像，尽可能完美地再现于画布之上，让更多的人感受到其中的美"；"以艺术家的眼睛，从人们司空见惯的事物中发现美"……

攀高（油画）杨炀

从这些特点各异的作品中，可以看到年轻画家的共同努力，那就是坚持以生活为创作源泉，发扬艺术的原创精神，追求真善美的理想世界。他们重视写生，善于通过写生收集素材，提炼生活，选择新颖的角度，创作出别开生面的好画。参展的作品，无论是表现大自然，还是描写普通

无数个下午如这般悄然消逝（油画）黄赛峰

人生活，都是深入生活的成果展示，因而充满生活气息，洋溢着春天的生机。这无疑是最为可喜的。

江山代有俊彦出，长江后浪推前浪。书画艺术的繁荣，有赖于一代又一代人的努力创造。我们欣喜地看到，在五月油画展的空间里，新一代画家群体已经崛起，他们各怀绝技，既承受传统画风的熏陶，又接受外来画风的影响，视野开阔，与时俱进，使海上油画画坛呈现出更加多元的面貌。他们正充满自信地进行艺术探索，拓展艺术空间，努力在画坛铸造辉煌。我们对他们寄予希望。

2017年5月

唐·白居易《问刘十九》（中国画）高式熊书 姜建忠画

《喜庆十九大——
2018·古典诗词迎春书画展作品集》序

杨益萍

  党的十九大胜利召开，新时代开启新征程，举国上下，一片欢腾。值此盛世年华，海上书画界同喜同贺，创作热情勃发。我会特与浦东新区周浦镇共同举办"喜庆十九大——2018·古典诗词迎春书画展"。

  经诸位同仁精心策划运作，本次展览呈现三个特点。

  一是"书画一体"。忆往昔，炎黄书画院举办"高式熊书法篆刻艺术展"，高式熊、陈谷长联袂创作7幅书画一体的"荷花图"，赢得人们由衷赞美。显然，书画艺术家"熔于一炉"，是炎黄书画院的优势。发挥这一优势，探索书家与画家的融合，使作品展现"书中有画，画中有书"的景象，有助于准确体现古典诗词的意境，进一步弘扬传统文化。无疑，这样的创作过程，对书画家提出了更高的要求，需要书家和画家对诗词内涵有共同的理解，并通过各自的创作，达到互相辉映、相得益彰的境界。正如高老指出，这是"只能成功，不许失败"的挑战。令人欣喜的是，书画家们凭借满腔激情和精湛技艺，为我们奉献出一幅幅精品力作，奏响了一部部和谐的协奏曲。

二是"老中青一体"。本次展览的筹办，得到书画艺术家的热烈响应，共有45位艺术家参与其间。其中，书法家15位，包括顾振乐、高式熊、张森、刘小晴、宣家鑫等；国画家30位，包括瞿谷量、陈谷长、张培楚、陈小培、朱新龙、王守中、朱新昌、柴聪等。他们中，有德高望重的老艺术家，有英姿焕发的中年栋梁，也有风华正茂的年轻才俊。其中，顾振乐先生以103岁高龄参与创作，令人抚掌赞叹；高式熊先生以97岁高龄挥洒笔墨，与20位国画家携手创作，实现书画融合，奉献了难得一见的艺坛奇观。

三是"视觉审美与听觉审美一体"。此次活动，在举办书画展的同时，举办喜庆十九大古典诗词朗诵会，邀请一批著名诗人和表演艺术家，登台朗诵歌颂十九大的诗作和历代古典诗词，力求进一步增强喜庆气氛，给人们带来视觉审美和听觉审美双重的艺术享受。在具有深厚历史文化底蕴的周浦镇，欣赏气象万千的书画作品，聆听古诗词的琅琅诵读声，迎接百花争艳的2018年春天的到来。这是多么美好的情景啊！

唐·赵嘏《越中寺居》（中国画）
高式熊书　庄艺岭画

本次活动筹办过程中，始终得到浦东新区周浦镇党委、政府和周浦美术馆的鼎力协作，得到上海文化发展基金会的大力资助。在此，谨致以深深的谢意！

2017年12月

《绿色申城——上海城市公园绿地撷萃》画册序言

洪纽一

"绿色申城——上海城市公园绿地撷萃"作为上海文化发展基金会的2018年上海市重大文艺创作资助项目,是给改革开放40周年和中华人民共和国成立70周年的一份献礼,在上海市普陀区政协、上海市绿化和市容管理局领导的大力支持下,今天终于同大家见面了。手捧着这本精美的展览作品集,一股温馨感慨的激情不禁油然而生。

作为这座城市的一员,我们不曾忘记,中华人民共和国成立以来,党和政府十分重视城市公园和绿化建设。从1949年至1978年的30年里,上海就兴建了40个城市公园,使市区人均拥有绿化面积提高到了0.47平方米。改革开放40年来,在社会主义现代化建设迅猛发展的同时,党和政府高度重视城市环境的保护和改善,我们大家体验和见证了这个城市拆危房、造高架、建地铁,为了进一步改善人们的居住和休闲环境,经过了刻骨铭心的阵痛,如今已经发生了翻天覆地的变化。中心城区大片绿地已经落成或正在进一步拓展,浦江两岸的滨江绿地全线开通,全市城市公园总数已达300座,人均公园绿地面积也已达到了8.1平方米。

今天,上海炎黄书画院集聚了一大批艺术家,其中既有驰名海内外的油画大家、享誉画坛的老国画家,也有现今活跃在美术创作和教学第一线的中青年画家,共同挥笔对上海城市公园绿地进行了系统的、全景式的描画,完成了"绿色申城"创作的宏大计划。

作品集凝聚了上海炎黄书画院几十位艺术家,历经一年半的辛勤付出,从写生采风到精心创作,将100多个公园和绿地,通过手中的画笔,一笔笔浓墨重彩地记录下来,尤其是浦江两

崇明东滩风情（油画）陈燮君

佘山天主教堂（油画）任敏

岸长达45公里的滨江岸线绿化带，从杨浦滨江的上海国际时尚中心、渔人码头，到虹口滨江的"星外滩"，从外白渡桥畔的老外滩，到十六铺码头的黄浦滨江，从卢浦大桥边昔日吊车林立的徐汇滨江，到浦江东岸的陆家嘴绿地、前滩、后滩，以及中山公园、复兴公园、黄浦公园、长风公园等传统公园，直至世纪公园、辰山植物园、野生动物园、雕塑公园、崇明生态公园等一大批主题公园，无不留下了画家们采风的足迹。

极具声望的画家瞿谷量，不顾年事已高一次次到嘉定公园实地写生，把"古银杏树"的美丽景色留在了自己的画布之中；为了表现青浦大观园的迷人风采，画家陈小培克服了自身的病痛，在创作中精益求精，一幅工笔重彩的《大观园》在他的笔下熠熠生辉；更有些画家因为家离所创作的公园较远，特地住进了公园附近的宾馆，只为了能实地观察到清晨的第一缕阳光用以创作《宝山烈士陵园》……在创作中，艺术家们尽心尽力，努力撷取最能表达景点风采的瞬间，给我们留下了许多动人的故事。为了保证创作质量，书画院多次组织画家进行创作草图观摩交流。在油画创作交流中，书画院顾问、著名画家魏景山不厌其烦地对一幅幅创作草图进行点评，提出创作建议；在中国画创作交流中，艺术家们也畅所欲言、群策群力，为所有参展画家进一步深入完成创作提供了宝贵的意见和建议。

　　这个展览及其作品集真实地展示了改革开放以来，在我们生活和居住的这座城市中，与高低错落的摩天大厦、风格各异的住宅建筑相映生辉的大大小小的城市绿地，为提高城市的空气洁净度、改善人们的生活休闲环境，发挥出越来越重要的作用。

　　绿化是一个城市的容貌，它意味着生命、生机和蓬勃的活力。世间万物有着许多缤纷的颜色，唯独绿色充满着希望，充满着生机盎然，它象征着生命的源泉。四季常青的松柏，充满着朝气；绿油油的青草，上面常留着芳香的露珠，一年又一年地春风吹生、绿波荡漾。它是城市永不衰败的一种精神。我们这座城市的绿色正在默默地神奇变幻，我们仿佛见到了这座城市的生命在涌动，绿色每时每刻都在坚定地守护着这座城市，装点着这座城市。城市就是因为富有了绿色，才富有了生命。让我们呵护它、赞美它。这种赏心悦目、晶莹剔透的迷人绿色，将成为牢牢地镶嵌在这座大都市中的瑰宝，那种浓郁的爱绿情愫将永恒地留在每个市民的心灵中。

　　让城市充满绿，让绿更加根深叶茂！

2018年12月

龙耀徐汇（油画）孙志奎

《绿色申城——上海城市公园绿地撷萃》画册后记

之 翔

上海炎黄书画院的书画艺术家们，历经一年半的辛勤耕耘，写生采风—构思立意—创作草图—探讨研究—修改完善—绘制正稿，随着最后一幅作品正式交稿，《绿色申城——上海城市公园绿地撷萃》创作项目终于尘埃落定，改革开放40年来，上海这座国际化大都市在环境建设、城市绿化中所取得的巨大成就跃然纸上。从黄浦江畔蜿蜒45公里的滨江绿化带，到遍布上海城市中心乃至城乡社区各个角落的公园、绿地，构成了一部气势恢宏、旋律优美的"绿色申城"交响曲，在艺术家的笔下熠熠生辉。

1981年5月，国际古迹遗址理事会与国际历史园林委员会在意大利佛罗伦萨举行会议，决定起草一份历史园林保护宪章。宪章由国际古迹遗址理事会于同年12月登记在册，并被命名为"佛罗伦萨宪章"（The Florence Charter）。此宪章虽然主要是为保护世界各国的历史园林而立，但是其对"园林"所下的定义却具有普遍的意义。

崇明澹园（油画）陈迪

　　《佛罗伦萨宪章》明确指出，园林作为文明与自然直接关系的表现，作为适合于思考和休息的娱乐场所，因而具有理想世界的巨大意义，用词源学的术语来表达就是"天堂"。其面貌反映着季节循环、自然变迁与园林艺术。同时，也是一种文化、一种风格、一个时代的见证。

　　根据"宪章"的定义，所有的园林都应该是人世间的"天堂"。据此类推，改革开放40年来，在上海的城市建设中，一大批主题公园建设方兴未艾，各种规模的城市绿地在商务区、居民区中落地生根，与高低错落的摩天大厦、风格各异的住宅建筑交相辉映。大大小小的公园和城市绿地，构成了上海的城市"绿肺"，为提高城市的空气洁净度、改善人民的生活环境发挥了极为重要的作用。我们所构建的不正是人民群众得以共享的"人间天堂"吗？

　　诚如美国视觉文化与图像学研究专家W.J.T.米切尔在其专著《风景与权利》的再版序言中所述："风景在人身上施加了一种微妙的力量，引发出广泛的、可能难以详述的情感和意义。"在这次创作中,我们的艺术家以上海城市公园绿地发展为切入点,以风景画这一人民群众喜闻乐见的艺术形式,多角度、全方位地展现上海城市环境的历史变迁和发展现状,就是试图通过我们的作品在观众身上"施加""一种微妙的力量",以期引起全社会对城市环境、城市绿化的广泛关注,为实现上海市委、市政府提出的"建设令人向往的卓越的全球城市"的伟大目标增添新的动力。

艺术家在艺术作品中所表达的并不是客观生活本身,而是艺术家对客观生活的感受。俄罗斯伟大作家契诃夫说过:"作家务必要把自己锻炼成一位目光敏锐、永不罢休的观察家。"艺术家何尝不是如此?

在作品创作过程中,艺术家们为了准确体验和把握对客观生活的感受,秉承着"艺术源于生活"的一贯理念,从春到夏,从秋到冬,不惧酷日,不畏严寒,通过深入生活去写生采风,获得第一手创作素材,在采风中加深对所绘景物的理解和认识。我们的国画家和油画家,尽管画种不同、风格各异,但是在创作中都倾注了自己的激情和思索,寻求主体与客体之间的融汇契合,把画家的主体精神与情感加以完美地表达和呈现,以自己的绘画语言还原自然之美、生活之美,把"人间天堂"的美好图景重现在一幅幅绘画作品中,让千千万万人民群众通过我们的作品,真切地感受到"城市,让生活更美好"不只是挂在墙上的标语口号,而已经成为每一个上海市民正在享受着的"改革红利"。从这个意义上说,我们的作品正是时代风云的见证,我们的艺术家在创作中所付出的艰辛努力是多么有意义。我们要向参与创作的艺术家们致以崇高的敬意!

这次活动得到了上海市有关方面及各级领导的认可和支持,被确认为2018年上海市重大文艺创作项目,并得到了上海文化发展基金会的专项资助,这使我们的创作活动得以顺利推进。

上海市普陀区政协在展出场地、画册出版等方面也给予了极大的支持和襄助,使我们的创作作品得以顺利面世。

画册内有关公园绿地的介绍内容,大部分来自网络,也有不少引用了有关公园、绿地官方网站的资料,大大减轻了我们的工作量。

在此，我们对上海文化发展基金会、上海市普陀区政协，以及所有支持、帮助我们创作活动的朋友一并致以由衷的感谢！

习近平总书记在中国文联十大、中国作协九大开幕式上的讲话中指出："文艺作品不是神秘灵感的产物，它的艺术性、思想性、价值取向总是通过文学家、艺术家对历史、时代、社会、生活、人物等方方面面的把握来体现。面对生活之树，我们既要像小鸟一样在每个枝丫上跳跃鸣叫，也要像雄鹰一样从高空翱翔俯视。中国不乏生动的故事，关键要有讲好故事的能力；中国不乏史诗般的实践，关键要有创作史诗的雄心。"

作为生活在社会主义新时代的艺术家，我们一定要响应时代的召唤，学习把握时代的脉搏，锤炼讲好故事的能力，用我们的画笔更多、更好地描绘出新时代中国特色社会主义的辉煌愿景和壮丽史诗！

2018 年 12 月

春的歌声（水彩画）梁钢

《第五季"源于生活·五月画展——春天"作品集》后记
陈之翔

经历了新冠疫情肆虐的寒冬，2020年的春天终于冲破严寒的藩篱，降临神州大地。

春天是万物复苏的季节。小草从地下探出了脑袋，花儿在和风中争芳斗艳。"碧玉妆成一树高，万条垂下绿丝绦"，杨柳依依，清风徐徐，何其美好！

四月，是春天的盛季。那柔嫩的鹅黄，是生命的色彩；那葱茏的嫩绿，蕴含着无限的生机。

面对来之不易的美好春色，我想起了唐代诗人白居易的不朽诗作："人间四月芳菲尽，山寺桃花始盛开"；想起了民国才女林徽因那脍炙人口的名篇："我说你是人间的四月天，笑响点亮了四面风；轻灵在春的光艳中交舞着变。你是四月早天里的云烟，黄昏吹着风的软，星子在无意中闪，细雨点洒在花前。……你是一树一树的花开，是燕在梁间呢喃，——你是爱，是暖，是希望，你是人间的四月天"；也想起了六十多年前的某一个春日，老师带着我们去桂林公园和康健园"远足"时唱的那首儿歌："小鸟在前面带路，风啊吹着我们，我们像春天一样，来到花园里，来到草地上。鲜艳的红领巾，美丽的衣裳，像许多花儿开放……"

醉人的春色，意味着大自然新生命的开始，给人以无限的生机和希望，就像那一帧帧浸染着生命之色的美丽画作。

醉人的春色、新的生机和希望，更燃起了走出疫情严冬的艺术家们的创作激情，用饱含斑斓色彩的画笔，记录和歌颂2020年这个不平凡的春天。

就在这个不平凡的春夏之交，作为上海炎黄书画院"源于生活·五月画展"系列展之一的"春天"主题展在网上正式启幕。

本次展览汇聚了上海炎黄书画院88位艺术同仁的135幅书画作品，参展艺术家中有33位国画家、50位西画家，还有5位上海炎黄书画院江桥分院的书画家。画家中有年近耄耋的老艺术家，也有刚过而立之年的青年画家，年龄跨度近50岁，真可谓是老中青"三代同堂"，多画种同台献艺。

艺术家们以中国画、油画、水彩画、书法等多种艺术形式，围绕着"春天"的主题进行了创作。其中，奚赛联的水彩画《精准施救》、贺子鉴的油画《火线》，讴歌了奋战在抗疫第一线的白衣战士与时间赛跑、迎接胜利的动人场景；王燕德的油画《强信心 暖人心——春天的故事》以一组抗疫勇士的群像，表达了白衣天使期盼春天的坚强信心；叶雄的中国画《胜利属于我们》；黄阿忠的《家门口的

村口（水彩画）陈伟中

春天》、隋军的《春耕》和严焓的《好春光系列》等油画作品，都以大片油菜花明亮的鹅黄色及平和的田园景色，奏响了大自然"春之声"的动人旋律；陈谷长的中国画《春风春雨春花开》、梁钢的水彩静物画《春的歌声》，以花言志，表达了对春天的渴望；青年画家陈明园的《林荫道》、任敏的《春意融融》、安静的《街景》和陈迪的《和煦阳光》等作品，分别以平实的笔调再现了春天里的凡人小景；朱新龙的中国画《桃花庵诗意》，则以人物画的样式演绎了唐寅诗作"桃花坞里桃花庵，桃花庵里桃花仙"的优美意境。更多的作品，不论是中国画的花鸟、山水，还是油画风景，抑或是书法作品，无不表达了艺术家们对春天的期盼和欢愉。

有一首歌曲叫《春天在哪里》，歌中唱道："春天在哪里呀，春天在哪里？春天在那青翠的山林里。这里有红花呀，这里有绿草，还有那会唱歌的小黄鹂，嘀哩哩哩哩、嘀哩哩、嘀哩哩哩哩……"我说，春天就在艺术家的图画里！

2020 年 5 月

"灯塔——庆祝中国共产党成立 100 周年作品展"序言

洪纽一

在我们党团结带领中国人民进行改革开放新的伟大革命进程中,我们迎来了中国共产党百年庆典。

这 100 年深刻改变了近代以来中华民族的发展方向,深刻改变了中国人民和中华民族的前途和命运,深刻改变了世界发展的趋势和格局。这是中国共产党和中国人民用鲜血和泪水写就的、充满着苦难和辉煌、曲折和胜利、付出和收获的 100 年,这是中华民族发展史上不能忘却、不容否定的壮丽篇章。

在庆祝中国共产党成立 100 周年之际,我们广大美术工作者怎样用绘画艺术来描绘、还原这流年沧桑、波澜壮阔的峥嵘岁月呢?我们想到了像皎洁的明月矗立在广袤大海中的"灯塔",想到了"燃烧自己、照亮别人"的灯塔精神,想到了"把生的希望送给别人,把死的危险留给自己"的豪言壮语。这一歌颂党在各个重大历史关头,为革命航船指引方向的命题和喻义,一经提出就得到了广大绘画艺术家的热烈赞同与积极参与。

灯塔辉映四海,像一颗颗璀璨的明珠,矗立于浩瀚无涯的海洋,假如你航行在狭窄或危险的海域中自然会借助灯塔的帮助,从它那熠熠光芒中领略脉脉的深情,同时定会情不自禁地拉响船笛,对世世代代的守塔人由衷地表达敬意。

一年多来,上海炎黄书画院和上海市黄浦区美术家协会联手,共同筹办画展。不少艺术家多次深入东海航保中

雨中情（钢笔淡彩）　洪纽一

心和上海打捞局调研，去海岛、去灯塔采风，收集资料、反复构思，描绘航标灯塔和救捞战线的英模；同时用心体会在百年党史中，如灯塔般引领革命航船劈波斩浪、驶向光明的前贤先驱、革命先烈，展现他们身上所蕴含的"灯塔精神"，创作了油画、国画、水彩画、粉画、版画、钢笔画、素描等作品100多幅。一幅幅画作，热情洋溢地讴歌了中国共产党的丰功伟绩，讴歌了共产党人前赴后继不畏牺牲的革命精神，展现了我们党在中国特色社会主义的康庄大道上奋勇拼搏的蓬勃生机！

作为一种灯塔文化，艺术家们每一幅画作都记述了一部属于自己的历史；每一幅画都以其鲜明的个性和独特的内涵成为灯塔文化中一道瑰丽的风景；每一幅画犹如一座座灯塔，在点亮自己内心的同时，向党的百年华诞献上了一份赤诚的心意！

2021年5月

"人民不会忘记——党史中的革命先烈·董元绘画作品展"前言

陈之翔

方志敏烈士（国画）董元

看着上海炎黄书画院书画艺术家董元先生精心创作的100余幅革命先烈的群像，看到这些面对敌人屠刀毫无惧色、横眉冷对的英雄形象，耳边常常会回响起60多年前读过的《革命烈士诗抄》中那些铿锵有力的豪言壮语："砍头不要紧，只要主义真。杀了夏明翰，还有后来人！""任脚下响着沉重的铁镣，任你把皮鞭举得高高，我不需要什么自白，哪怕胸口对着带血的刺刀！人，不能低下高贵的头，只有怕死鬼才乞求'自由'；毒刑拷打算得了什么？死亡也无法叫我开口！对着死亡我放声大笑，魔鬼的宫殿在笑声中动摇；这就是我——一个共产党员的自白，高唱凯歌埋葬蒋家王朝！"

　　这两首脍炙人口的诗歌作者夏明翰和陈然，年龄相差二十多岁。1928年2月，28岁的中共湖北省委委员夏明翰牺牲时，陈然还只是一个5岁的幼儿。1949年10月，26岁的中共重庆市委地下刊物《挺进报》的特支书记陈然，也在敌人的屠刀下英勇就义。他们牺牲时都正值青春年华，但是在他们的身上，集中体现了一代代共产党人，为了党和人民的解放事业大义凛然、视死如归的高风亮节，他们的英名和光辉形象，始终铭刻在我们的青春记忆中！

　　同志们，听吧！
　　像春雷爆炸的，是人民解放军的炮声！
　　人民解放了，人民胜利了！
　　我们——
　　没有玷污党的荣誉！我们死而无憾！
　　……

　　这首诗的作者刘国鋕，也许大多数人都没有听到过他的名字，他的诗也并没有书写在纸上。他牺牲于1949年11月27日，当时新中国已在北京宣告成立，中国人民解放军也已抵重庆郊区，关押着许多共产党人和革命志士的"白公馆"集中营里已经清晰地听到了解放大军的隆隆炮声。这时，刘国鋕心潮激奋，摸出暗藏的一小截铅笔，正要题诗欢庆解放，刽子手却出现在铁牢门口。刘国鋕面对敌人，扔掉手中的铅笔，高声朗诵道："同志们，听吧！像春雷爆炸的，是人民解放军的炮声！……"直到他慷慨就义，朗诵声还不断传来，迄未中止。难友们听到和记录下的仅是刘国鋕走出牢门前朗诵的一段。

　　这些革命先烈的珍贵遗诗，充满了对共产主义事业的满腔赤忱和对敌人的刻骨仇恨，表现了烈士们忧国忧民、舍生忘死的革命精神和甘愿为党的事业赴汤蹈火、粉身碎骨的坚强决心。这些用鲜血写成的闪光诗句，像晶莹的金玉，岁月愈久便愈加灿烂生辉，激励着一代又一代有志青年，投身于保卫和建设祖国、实现中华民族伟大复兴的宏伟事业。

我与董元先生是同代人，又都是有着近50年党龄的共产党员，对历史有着共同的记忆，《革命烈士诗抄》一定同样激励过董元先生的青春岁月。

这些革命先烈——新中国的创造者、奠基人——为了党和人民的事业，在我们的前头英勇地牺牲了，作为后来者的我们，则更加任重而道远。

习近平总书记指出："中国共产党的历史是中国近现代以来历史最为可歌可泣的篇章。"我们党的历史，正是由在党的各个历史时期，为革命事业英勇献身的共产党人和志士仁人的鲜血和生命谱写而成的。

董元先生以逾古稀之年，花费了巨大的心力，为数以百计的革命先烈造像，绝不是出于一时冲动的偶然之作，而是饱含着一位老共产党员对革命先烈无限深情的倾心之作。董元先生用自己的画笔，再现了党史中革命先烈可歌可泣的光辉形象。我相信，这对于我们，特别是对于年轻一代，建立革命人生观与树立共产主义远大理想，坚持和发展中国特色社会主义，把党和国家各项事业继续推向前进是大有裨益的。

今年是伟大的中国共产党成立100周年的大庆之年。董元先生以描画100余位革命先烈的100幅绘画作品，献给党的100周年华诞，实在是上海美术界中值得记取的一件盛事。

2021年6月

朱顶红（丙烯画）张民

第六季"源于生活·五月画展"之"难忘的风景——2022·春天记忆"前言

汪 澜

  五月，属于一年中最美的季节，所谓"五月榴花妖艳烘，绿杨带雨垂垂重"；五月，也是万物生长的季节，"雉雏麦苗秀，蚕眠桑叶稀"；这样的季节，本该"万绿千红深处坐"，却因一场突如其来的新冠疫情，让申城民众尝到了"可怜此地无车马，颠倒苍苔落绛英"的滋味。

  亲历了这个特殊的五月（当然也包括四月），炎黄书画院的画家与市民一起，经历了上海的艰难时刻，也看到了这座城市的坚强和优雅，看到了众多为了守护城市安全、保护市民健康、保障基本物资供给的逆行者的勇敢无畏和奉献精神，看到了普通市民在患难中互帮互助的人性之美。于是，他们拿起画笔，记录下了这一特殊时段，上海和上海人一道道难忘的风景。

  在这些风景中，出现最多的人物是"大白"——核酸检测的"大白"、方舱里的"大白"、防疫专家"大白"、白衣天使"大白"、民警"大白"、小区志愿者"大白"、物资保供"大白"……他们的形象想必已经深入人心——在画家的笔下，他们虽然模样相似，但场景不同，姿态各异，"大白"的群像，构成一幅宏大鲜活、栩栩如生的抗疫英雄谱。自然，这英雄谱中也有不少普通市民的身影，没有他们的配合和参与，就不会有上海抗疫的成果，而他们在疫情中焕发出的关怀老弱、帮助邻里的种种善举，也成为画家笔下极好的素材。

画作中也不乏自然景观，绿意萌发的行道树、鲜嫩欲滴的果蔬、金灿灿的油菜花、等待插种稻秧的水田……我知道，这是画家们心中的五月风景，是他们对上海春天的美好想象，寄托着大家对申城复苏的殷殷期盼。

水田（油画）杨继德

"五月画展"是炎黄书画院的传统项目，源于生活，坚持人民立场，是画展的宗旨，也是画家们一贯的追求。整整两个月，画家们虽没有走出家门，但他们和身边的民众同呼吸共命运，始终关注、体察着申城的冷暖，可以说，虽然足不出户，但他们的心始终在抗疫一线。因此，当四月中旬书画院发出以抗疫为主题的征稿启事，画家们一呼百应，很短的时间，就有81位画家捧出了147幅作品。他们中间，有书画院会员，也有画坛名家；有年长的画家，也有年轻的新锐画家。入选参展的画作，涵盖了各个不同的画种，风格各异，寓意丰富，构成一幅申城抗疫全景图。

今年的"五月画展"移至线上举办，这其实更有利于普通民众走进画展，吸引更多的观赏者。两个月的抗疫经历，相信绝大多数上海人对安全、家庭、科学、自由、尊严、友爱这些概念有了更深一层的理解，因此参展作品也自然会获得更多的共鸣。

向这次画展的策划者、组织者及所有参与展出的画家们致敬！感谢你们用画笔记录下申城百年一遇的特殊时刻，以及这特殊时刻的特殊风景！祝"五月画展"获得圆满成功！

祝炎黄书画院的书画家永葆创作活力，创作出更多更优秀的好作品。

2022年5月

第七季"源于生活·五月画展"之"春天——山河锦绣·润物无声"前言

马 军

今年的春天来了,令人格外珍视,因为这是在经历了一场严冬之后……

当我们又一次漫步在春风荡漾的田野,饱览青色满布的世界,享受着煦暖的阳光时,可曾想到,我们生活中的一些人已经再也不能一同前行了,他们,永远留在了那个寒夜。今天,我们这些幸运儿可以自由地踏青,听闻鸟语花香,在户外交流自如,很大程度上是源于他们的牺牲和奉献,对此唯有感谢和敬意!我们要带着他

三月(布面丙烯)李向阳

淀浦河边的散漫（色粉画）　陈晓云

们的名字共同迈入春天，切莫落下了其中的任何一位，因为他们的肉体可以被留在冷冬，但灵魂却理应永远徜徉在春意盎然的时空里。

　　一年四季，春、夏、秋、冬，循环往复。古往今来，在任何人类话语和艺术形式中，春天仿若天之骄子，几乎总是和生机、活力、美好联系在一起，因而受到了文人骚客、书家画师等的特别青睐。所谓"一年之计在于春",所谓"万紫千红总是春",所谓"春满人间",又所谓"枯木逢春",等等,举不胜举。为什么春天能享有那么多的褒美之词呢?因为它虽是自然之象,却又吻合并映现着人类的本质力量,那就是讴歌青春、赞赏美丽、崇敬光明、努力奋进的生活态度。正由于有这种共鸣、共情,故而易于唤起人类独有的审美之心。

上海炎黄书画院汇聚了沪上百多位知名的艺术家,多年以来,在运用丹青笔墨,描绘、刻画自然景观、社会万象和人间之爱方面,从来是不甘人后,"五月画展"更是成为脍炙人口的年度性公益节目,并持久地受到了专业人士和社会大众的广泛好评。2023年初春,各位画师亦如同往昔,使命交付之下,众人群起响应,不计名利,潜心创作,拾手中之笔,或虚或实,或景或人,或清溪或山野,或少年或老者,或浓墨重彩或轻勾慢描,以自己最擅长的表现手法,共同展示了"春天"的全景画面。众所周知,艺术家是美的创造者,但实际上,创造美的人才是生活中最美的。在这个意义上,"春天"的表现者本身就是"春天",他们的细心观察和出彩技艺总能给这个世界带来更多的温暖和希望。须知,春在自然,更在人心。

由于上海炎黄文化研究会的关系,笔者常与朱新昌、陆廷、陈志强、林伟光等诸画师相往来,他们的艺术造诣,作为门外汉的我自然不敢置评,但对他们的淡泊、谦和,以及勤勉、周密的组织能力却印象深刻。在这里,要向他们以及所有参展画师鞠躬鸣谢,并乐为之序!

"春有百花秋有月,夏有凉风冬有雪",正如自然界总是四季更替,我们的社会之路也不会永远走在春天,将来仍然会有坎坷,会有艰难、挫折,还会有离别和悲戚,但春天却可以长留心扉,那就是无论否极泰来,或泰极否来,大家始终以积极、坚韧、坦然的态度面对之。如若这样的话,艺术之美就能够与生活之美携起手来,鼓励我们昂首笑迎人生的百态,而这正是我们民族文化的精华和真谛。

2023年4月

《画（话）说苏州河——"半马苏河"的前世今生》画册前言

汪 澜

大夏大学小白楼（中国画） 郑文

又到了"梧叶新黄柿叶红"的金秋时节，我们欣喜地看到，由沪上近百位画家、人文学者参与的"画（话）说苏州河"艺术创作暨宣讲活动，结出了第一批硕果。

"画（话）说苏州河"的动议源自2021年末上海炎黄文化研究会的一次会员座谈活动。参会同仁聊到苏州河滨水岸线全线贯通开放的信息，提出围绕苏州河的今昔变化做一篇"大文章"的设想。这一动议得到研究会旗下的炎黄书画院和炎黄文化宣讲团的积极响应，并十分幸运地得到普陀区委宣传部和文旅局的大力支持，遂有了这个以苏州河为主题的大型美术创作及系列宣讲活动。

一直以来，苏州河被上海市民亲切地称作"母亲河"。她由古老的吴淞江演变而来，蜿蜒流经上海多个城区，哺育了一代又一代上海人，见证了近现代以来苏州河两岸的风云激荡，见证了上海由清丽柔美的江南水乡脱胎为繁华摩登的国际化大都市的变迁，也见证了40多年来，改革开放给上海带来的巨大变化。可以说，上海历史上每一个重要时段，都在苏州河沿岸留下了印记，其中既有重大历史事件的旧址，也有重要历史人物的足迹，还有早期民族工业、金融航运、商贸市集、文化教育及市民生活等的大量遗存。苏州河也是上海城市精神、城市文化的重要载体，上海的红色文化、海派文化、江南文化都曾在苏州河畔留下印痕。

"画（话）说苏州河"第一期活动由普陀区文旅局和上海炎黄文化研究会联合主办，"画"和"话"的对象，主要与苏州河普陀段相关。苏州河流经市区的岸线约有42公里，其中一半在普陀区，因其与半程马拉松的长度相当，故被形象地称作"半马苏河"。由此，我们的"画（话）说苏州河"行动甫一推出，就涵盖了半条苏州河的今与昔。如果将苏州河比作一条价值连城的项链，则苏州河沿岸的历史人文遗存便是镶嵌在项链上的璀璨珠宝。今天它们借由炎黄书画院策划组织的"画说苏州河"主题创作——重现在世人面前。在65位书画家提交的76件画作中，我们看到了上海第一家啤酒厂灌装楼、阜新面粉厂旧址、上海被服厂旧址、上海试剂总厂等中国早期民族工业的样貌；看到了邓中夏、刘华、李启汉、顾正红等中国工运领袖人物的英姿及"六三大罢工"、沪西工人半日学校、上海工人"二月大罢工"、五卅运动发源地等一批重要的工运遗址；看到了真如寺、玉佛禅寺、宜昌路救火会、上海元代水闸遗址博物馆、南林师范学校旧址等历史文化及市民生活的遗存。画作串起我们这座英雄城市的不朽足迹，也唤醒了市民对于上海城市细节的深层记忆。

苏州河同时也是一条连接上海过往和当下的金丝带。在画家的笔下，昔日的老旧厂房凤凰涅槃，转型为时尚创意园区，如《M50.莫干山路50号》；曾经臭气熏天的垃圾码头变身为垂柳依依、景色怡人的亲水平台和景观步道，如《盘湾里》《苏河新貌》《苏河步道》。《天安千树》《苏州河工业文明展示馆》《上海少年儿童图书馆（长风馆）》《苏宁艺术馆》《上海纺织博物馆》《长风大悦城》《上海环球港》《近铁城市广场》《游艇码头》……画面中的城市新地标昭示着苏州河两岸的沧桑巨变，而《武宁路桥》《宝成桥》《华政桥》《新闸路桥》《西康路桥》《长寿路桥》……则诉说着古老苏州河旧貌换新颜的传奇。

在画家们沿苏州河写生作画的同时，由炎黄文化宣讲团承办的"话说苏州河"系列讲座亦同步开启。演讲嘉宾大都为上海炎黄文化研究会的知名学者专家，从今年5月开始，陆续推出了10场讲座，包括"荣氏家族的苏州河印记——荣宗敬荣德生见证中国民族工业的发展""顾正红战斗过的地方""九转丹成：从上海机器织布局到申新九厂""圣约翰大学走出的文化名人""苏州河桥上的铁门故事""宝成桥，有温度的城市景观""吴江、松江、虹江——苏州河的前世今生""捕光捉影苏州河——见证苏州河沿岸的今昔巨变""从信和纱厂到M50创意园""元代水闸考古挖掘背后的故事"等。值得一提的是，系列讲座的地点被安排在普陀区图书馆的苏州河书房，在苏州河书房讲述苏州河的故事，这于演讲者和听讲者都是一种特别的体验，由此也可见活动组织者的匠心。

《画（话）说苏州河——"半马苏河"的前世今生》画册的出版和展览的举办，标志着我们的活动取得了第一阶段的成果，在兴奋和欣喜的同时，要特别感谢普陀区有关领导及有关部门、有关单位给予活动的大力支持！感谢所有参与活动的艺术家和专家学者的辛勤付出！

我们的"画（话）说苏州河"活动还将继续向苏州河流经的其他城区延伸，期待更多的有识之士参与到活动中来，通过对上

上海麻袋厂旧址新貌（油画）游帅

宜昌路救火会（油画）申娟娟

海母亲河历史与文脉的溯源、梳理和开掘，丰富并深化民众对上海历史文化和城市精神的认知与理解，并为新时代成就上海新的传奇贡献一份智慧和力量。

2023年7月

第八季"源于生活·五月画展"之"江山如画·莘向未来——上海炎黄书画院中国画邀请展"序言

陈之翔

春末夏初的五月就这么悄无声息地来了,带着格外的芬芳和柔情,几乎让人感觉不到她来临的脚步,那么温馨,却又那么灿烂。

五月,风光如画、满目苍翠,那如绿毯一般铺开的嫩草,总让人忍不住想要俯下身去抚摸和亲近一下那柔软的绿,或者干脆在草毯上打个滚,闻一闻泥土和芳草的馨香。"乱花渐欲迷人眼",那夹杂在绿草间的无名小花,也都趁着风和日丽绽开了妩媚的笑颜,迎接夏天的到来!

然而,对上海炎黄书画院的书画艺术家来说,五月,却还蕴含着另外一个特殊的含义,一年一度的"源于生活·五月画展"——这个以毛泽东《在延安文艺座谈会上的讲话》精神为指导的展览——将在这缤纷的季节里拉开帷幕。

今年的"五月画展",在闵行区莘庄镇人民政府的支持下,将在地处莘庄的张渊艺术馆举行。张渊先生是上海画界女中翘楚,她的人品和画品有口皆碑,能在以张渊命名的艺术馆举办画展是我们的荣幸。

守成先生写生图(中国画)
奚文渊 张渊

松风（中国画）李言　　　　　　家园（中国画）汪家芳

  本次画展的题目是"江山如画·莘向未来——上海炎黄书画院中国画邀请展"，顾名思义，展览内容不仅有描绘江山如画的传统中国画，还有与"莘"（即展览举办地莘庄）相关的书画作品。

  早在20世纪50年代，考古工作者就在莘庄地区发掘到一处魏晋南北朝（420—589）时期的墓葬，这是迄今为止在本地区发现的最早的历史遗存，记录了1500多年前的先民足迹。莘庄沿莘溪而建，曾以"莘溪"名之。南宋咸淳年间（1265—1274）这里就已建有"施水庵"，这是历史文献中有关莘庄的最早记录。到明代嘉靖、万历年间（1522—1620），因当地布业兴盛而渐成市镇。故在莘庄地区，留有不少历史人文遗存。

上海炎黄书画院的书画艺术家们,经过学习研究和采风写生,收集了许多莘庄历史沿革的第一手资料,一批反映莘庄人文历史和地方风貌的书画作品脱颖而出。

书画院顾问朱新龙专门为出生于莘庄镇东首横泾港畔朱家塘、被誉为"书痴"的明代著名书法家、藏书家朱大韶造像。朱大韶系嘉靖二十六年(1547)进士,与时任内阁首辅张居正、文渊阁大学士徐光启等历史名人同科入仕。其子朱本善乃万历四十一年(1613)进士,其孙朱积是崇祯十六年(1643)进士。朱家祖孙三代同为进士的盛事,在莘庄地区传为佳话。朱大韶的音容笑貌在其"本家"朱新龙的画笔下栩栩如生。

农家乐(中国画) 瞿志豪

连环画家叶雄、忻秉勇、陆小弟、吕亚蕾,以莘庄近现代历史为主题,分别创作了《松江城东红色记忆》、《牺牲在莘庄火车站的上海青年》和《灾民抢米风潮》等三套连环画。画家用类似电影"蒙太奇"(Montage)的手法,精心编辑和组织画面,无论是墨彩淋漓的水墨连环画,还是墨色勾线的传统连环画,都艺术地再现了莘庄人民百余年来反抗暴政的斗争精神,以及在中国共产党的领导下,与日本侵略者及国民党反动派英勇奋斗的峥嵘岁月。

书画家董元2021年为纪念中国共产党的百年华诞,创作了一百多幅革命先行者和烈士的历史画像,被戏称为"革命烈士专业户"。此次,他又为莘庄籍革命烈士张复兴(1924—1950)造像。1944年,莘庄镇北郊娘娘乡村民在中共早期党组织的领导下，奋起反抗汪伪政权在村中的暴行。当地青年张复兴积极投身对敌斗争，并光荣入党。抗战胜利后，张复兴跟随华东野战军转战南北，1950年10月，又奉命赴朝鲜前线，同年12月，因突遭敌机空袭而壮烈牺牲。董元在作品中刻画了张复兴身穿志愿军军装的英勇形象，展现了革命烈士的飒爽英姿。

清光绪年间，在莘庄镇西河浜出了个秀才张虞庚，他既乐耕又善诗，毕生以农为本，有《西河草堂遗稿》传世。其孙张守成（1918—2013），早年曾在上海美专西画系就读，1938年拜入国画大师吴湖帆门下，1956年被聘为上海中国画院画师，是上海著名的中国画家。晚年赴美国定居后，在多所艺术院校传授中国画。其画风虽仍以中国画传统章法为宗，但在笔墨色彩上却更上层楼有所创新，作品千姿百态、引人入胜。其女张渊曾师从江寒汀、俞子才、刘旦宅等中国画大家，画艺精进。她现任上海交通大学设计学院教授、上海书画院资深画师，并于2006年被聘为上海文史研究馆馆员。著名人物画家奚文渊专门创作了张守成先生肖像，作品形神皆备，深得张渊赞许，并亲为画像补景。奚文渊、张渊联袂创作、珠联璧合，堪为上海画坛文人相亲、文人相敬的佳话。

莘庄绿梅脍炙人口、名传天下，资深艺术家陈小培以此为题材创作了名为《瑞雪》的绿梅图。画家打破画梅的传统布局，别出心裁地将一块太湖巨石置为前景，画面中绿梅环绕四周，树干枝蔓穿插，花姿绿萼点点，背景又经多层次渲染增加了纵深感，更显饱满充实。

1992年2月，在上海县（即现闵行区）建县700周年之际，时任上海中国画院院长程十发兴致勃勃地到莘庄公园观花赏梅。赏花之后，程十发特作《绿梅图》一帧并题诗一首。书画院青年书法家李晓荣此次以其别具特色的行草书法，专门抄录了程十发先生的这首诗作以为纪念。诗云：

> 绿萼梅花何处寻，莘庄古镇近溪邨。
> 建城七百年过去，唯有今朝万木春。

朱瑄出生于莘庄，是明正统三年（1438）进士，曾任陕西道监察御史，成化五年（1469）升任山西按察司副使，任上官声甚佳。退休返乡后，朱瑄又在莘庄生活了30年，于弘治十一年（1498）仙逝。书画院顾问瞿志豪欣然命笔，用隶书书写了朱瑄的诗作《隰州道中》，表达了对这位莘庄先贤的敬意。

莘庄还有许多历史人文及自然景观也成为艺术家们的创作对象。

位于今莘庄镇明星村秀文路的"南张天主堂"，始建于清光绪二十八年（1902），完全仿效罗马式建筑风格建造，素有"小罗马"之称。1999年5月被上海市人民政府列为近现代优秀历史建筑，2014年又被公布为上海市文物保护单位，是莘庄地区保存最为完好的历史建筑之一。书画院艺术家李言为创作《南张天主堂》，多方查找和收集资料，并亲临现场采风。他以颇具特色的拱券式门廊为前景，把主堂建筑置于拱券门的中央，使画面具有一定的进深度，较为完整地呈现了天主堂的建筑风貌。

原址在今莘庄镇青春村金家塘的陆昌庙，据考证始建于明嘉靖年间，在20世纪60年代中叶的特殊岁月中庙屋被毁。庙虽不存，但在民间仍有陆昌庙"三宝"（古桥、古牡丹、古树）的传说。在"三宝"中，始建于明代嘉靖十九年（1540）的"古桥"聚星桥，原石桥已荡然无存。而传说中由北宋宰相魏仁溥所培育的"古牡丹"（魏紫牡丹），也因时代变迁几经移植，据说尚有一枝存世于民间。"古树"即古银杏树，因长期无人看管一度濒临死亡，于1983年被上海市园林局列为"古树0055号"加以一级保护。在这次展览中，陆昌庙和"三宝"之一的古银杏树，在艺术家周卫平的笔下得以重现。古树枝繁叶茂生机盎然，陆昌庙建筑依稀可见，似乎又复现了当年的盛景。周卫平同时还创作了《莘庄公园百年香樟（1478号）》。这两棵古树都是莘庄地区记录在案的古树名木，承续了莘庄古镇悠久的自然历史，是人与自然休戚与共、绿色生态文明建设持续发展的充分体现。

松江城东红色记忆（连环画） 叶雄 吕亚蕾

在此次邀请展中，上海画坛众多"大咖"和书画院顾问，以各自的精彩画作表达了对展览的鼎力支持。其中有王劼音的《睡莲》、陈古魁的《根深叶茂》、张培础的《悠情》、张培成的《戏曲人物》、王守中的《林岭春意》、黄阿忠的《婺源春早》、姜建忠的《高仕图》、汪家芳的《家园》和《美丽山村》，陈谷长的荷花系列、瞿志豪的花鸟系列等。作品中既有素净淡雅的睡莲、荷花，也有色彩浓烈的蕉叶、山茶；既有散发着泥土芳香的素朴农家，也有浓墨多彩的美丽山村；既有遁隐世外的古代高仕，也有紫藤树下的现代女性，更有形象古拙的戏曲人物。画种不一、题材多样，无一不为画展增色添彩。

我们欣喜地看到，书画院的诸多艺术家，也都用自己的作品诠释了"江山如画"的展览主题。

老画家许根荣的《游山玩水》立轴四条屏，延续了他多年来对古徽州地区湖光山色、民族风情、建筑样式细致入微的观察与体验，在创作中坚持"民族、民俗、民间"的道路，充分展现了徽派民居的别样韵味和徽州文化的独特魅力。画家在创作中，每一条屏还采用了不同的色调，取得了较为完美的视觉效果。

在此次展览中，山水画占有一定的比例。无论是郑文古意盎然的绢本山水《溪山秋霞》和《江南记游》系列；还是陈小培深入浅出、雅俗共赏的《秋山清远图》《高山行云图》《云瀑图》，抑或是柴聪中规中矩的《青山如黛图》《山静秋清图》《遥望青山烟霭云》，乃至李言充满装饰韵味的山石风景《松风》《后山》，以及胡震国景中有人、人景结合的庭院风景《疏影松风》《幽静雨晴》等，都给人留下了深刻的印象。

朱新昌近期正在筹备即将在程十发美术馆举行的个人画展，但他依然忙里偷闲专门为本次展览创作了《兔子灯》《纸鸟》《暖春》等三幅作品。独具个人风格的画作，寓装饰性、民俗性于一体，采用略为夸张的人物造型和别具风格的绘画手法，呈现出三种不同的画面效果，令人大饱眼福。

周卫平的《武戏人生》和郑庆谷的《三国人物》，造型别致、夸张有度，有异曲同工之妙，极具观赏性。

奚文渊的《爱心专座》和郑庆谷的《闲》都是现代人物题材的作品。在这两幅画里，不论是古稀老人还是妙龄少女，也不管是在地铁车厢还是在咖啡馆，老百姓的日常生活场景在画家的笔下栩栩如生，给人以亲切之感。

"五月的鲜花开遍了原野，鲜花掩盖着志士的鲜血。为了挽救这垂危的民族，他们会顽强地抗战不息。"为了中华民族的生死存亡、自强自立，无数革命志士前赴后继、战斗不止！五月，有太多的记忆；五月，有太多的感慨；五月，有劳动者的激情和自豪；五月，有82年前《在延安文艺座谈会上的讲话》的丰碑！

艺术的花朵，五月绽放；永恒的主题，源于生活。"五月画展"的大门已经敞开，等待着你、我、他（她）的到来。"江山如画，莘向未来"。让我们一起遨游在艺术的大海，一起感受生活的真谛，一起描绘如画的江山，一起奔向美好的未来。

2024年4月

四 《炎黄子孙》"品艺轩"专栏精选

研究会会刊《炎黄子孙》自2018年改版后，开设了"品艺轩"专栏，旨在刊载介绍上海炎黄书画院书画艺术家的专题文章和创作成果。书画院委派专人担任了该栏目的责任编辑，承担从组稿、编辑，到发稿、校对的全部工作。6年多来，"品艺轩"专栏先后刊发了介绍书画院27位书画艺术家的专文计30篇，在2020年第一期"品艺轩"专栏，还以《抗疫，我们挥笔为戈》为题选登了书画院书画艺术家为"春天"线上画展创作的以抗击新冠疫情为题材的绘画新作，表达了书画院艺术家的社会担当。2022年春天，书画院再度举办第二个以"春天"为主题的线上画展。同年第二期"品艺轩"专栏再次用两个整版篇幅刊登了这次画展的部分作品，为上海这座饱经沧桑的母亲之城，留下了一段记忆。我们精选了近年来"品艺轩"发表的部分专栏文章以飨读者。

静耕砚田　清绘雅韵
——陈谷长的水墨空间

之 翔

> 陈谷长，原名陈国强，浙江鄞县人，1942年2月出生于上海。1965年毕业于上海市美术专科学校中国画系本科，上海人民美术出版社资深连环画家、副编审，中国连环画研究会上海分会理事，中国美术家协会会员、上海美术学院客座教授、上海炎黄书画院副院长。

掐指算来，与陈谷长先生相交已经整整五十八载了。

那是在1960年夏季，我有幸考取了新成立的上海市美术专科学校，说是专科学校，实际上招收的却是五年制本科生。本科设有油画、中国画、雕塑、工艺美术四个系，我进的是为本科各系培养后备生的"预科"。

"上海美专"虽是新建的，但在我们进校之前，其实学校里已经有了一届学生，他们是1959年初由"上海中国画院（筹）"招收的60名美术学子，后来享誉上海画坛的邱瑞敏、夏葆元、魏景山、杨正新等艺术家都出自这届学生，陈谷长也是其中之一。学校初创时并没有正式校名，只是作为画院附设的中等美术学校而存在，几个月后才正式定名为"上海美术学校"。新建的"上海美专"就是在"美校"的基础上成立起来的。所以，1960年9月，当"上海美专"正式开学时，除了新招收的本科、预科两届新生外，还有从"上海美校"延续下来的、在校内被昵称为"老中专"的 60 名同学。

初进美专时我才 14 岁,脖子上还挂着红领巾。"老中专"的学长对我们这些同学嘘寒问暖关心备至,使我们一进校门就感受到了集体的温暖。陈谷长当时在"老中专"绘画科,用的还是"陈国强"的原名,与我的本名"陈志强"只有一字之差,在我的心目中,他就是我的兄长。

开学不久,在一次联欢会上,谷长兄在他们班级排演的一出独幕剧中扮演了一个角色,整场演出中,只见瘦瘦高高的他捧着书本喃喃地背诵着一个俄语单词"АКВАРЕЛЬ"(水彩画,发音为"阿克伐来里")。他虽不是主角,但其木讷、滑稽的神态却给大家留下了深

仙子齐匀描中玉(中国画)

诗咏芙蓉（中国画）

刻的印象，从此他便多了一个"阿克伐来里"的雅号。多年后我们老同学聚会时，说起当年"老中专"的同学时，许多人的姓名已经淡忘，但对那位憨态可掬的"阿克伐来里"却仍记忆犹新。

1962年2月，"老中专"毕业，谷长兄以优异的成绩，与邱瑞敏、夏葆元、魏景山、杨正新、严国基等同学一起，跳级升入本科二年级继续深造，直至1965年7月毕业分配到画家云集的上海人民美术出版社工作。多年来，谷长兄创作出版连环画40余本，文艺插图千余幅，还著有《怎样画鹅》《藤的艺术》《荷塘清趣》等中国画技法书籍数本。同时，谷长兄在中国画园地勤于耕耘，终成大器。

一位艺评家曾在一篇文章中这样写道：

"陈君谷长，幼好丹青，勤于砚田；长得名家指授，艺道正宗；复能精进不已，近岁则卓然有自家面目矣。

"谷长君所作，唯求静美，衍及雅逸、清秀、妍适诸格。故观其画，莫不能陶染吾人性灵，或心远虑，悠然出尘；或反省诸己，霍然向善，艺术伟力于此发露无遗。

"谷长君之画品，虽博涉多方，沁人心脾则一也。人物道释之作，其形态迁想妙得，娴雅多姿；其线质则远接晋唐，高蹈旷远。荷花游鱼，尤为绝诣。用笔、用色、用水已臻化境，笔与神行，无迹可求。其清新淡雅，秀而不火，有风韵而无娇媚之态，静到极致，雅到极致，亦美到极致。"

　　对此评价，我深以为然。

　　谷长兄潜心笔墨成果颇丰，多次在国内外举办画展，仅1993年就连续在北京中国美术馆、上海美术馆和台北市立美术馆举办了三次个人画展。时隔两年，1995年7月又在新加坡乌节坊展览厅举办个人画展，并出版了《陈谷长画集》，为此，新加坡还专门发行了以谷长兄中国画作品为内容的首张地铁卡。进入21世纪后，2004年11月上海人民美术出版社出版了谷长兄的皇皇力作、两卷本《陈谷长中国画作品选》。2005年8月又应邀到宝岛台湾，在台北、新竹、高雄、台南、花莲等地举办了中国画个人巡展。2013年8月在上海的陆俨少艺术馆又一次举行了个人画展。谷长兄还是由张培础、王劼音、凌启宁等七位老艺术家组合而成的"水墨星期三"成员，十数年来坚持不懈、笔耕不辍，近年来屡有新作问世，多次举办画展，在上海画坛颇具盛名。

　　数十年来，谷长兄的多件作品分别被中国历史博物馆、联合国中国国家分部东方艺术中心、新加坡中华商会、宁波市鄞县人民政府、上海周恩来纪念馆、宁波天一阁博物馆、上海张充仁纪念馆、上海玉佛寺、上海美术学院等机构团体收藏。

　　对谷长兄的绘画艺术，画界和艺评界有过很多精彩的点评。

　　著名连环画大师贺友直先生对谷长作品的评价言简意赅："好看、高雅，也见功夫。"

　　贺老还说："我和谷长同是宁波人，看他的画风，'淡呵呵'，好比阿拉地方的嘎饭，比如咸菜卤清炖（蒸）小黄鱼，原料新鲜，做法单纯，清淡可口，常吃不厌。他的画，具有同样素质，是久看不厌的。"

　　长安画派代表人物、著名国画大师黄胄先生对谷长兄也评价甚高："陈谷长的画，有文人气息，水墨有灵气，使人看了有一种宁静的感觉，与世无争，有自然尚美的真情。"

　　1993年谷长兄在台湾举办个人画展时，台湾社会各界好评如潮。台北艺文评论家汉宝德先生撰文指出：

"陈谷长的荷花最受大家的欢迎，他虽然满、染，但透明的荷叶、荷叶间的空隙、偶尔出泥的茎，充满国画里轻灵的趣味。他掌握了荷叶的精神，与巧妙的构图相结合，使荷成为一个独立表现的天地。

"陈谷长是从各种角度与观点来看荷叶，因此是有现代感的。比如他画了些自上俯视的荷叶，互相交叠，缝隙间有小鱼游动的作品，颇有陈其宽（著名国际艺术家，被台湾美术史家誉为"三百年来第一人"）的味道。

"陈谷长的淡墨技巧非常成熟，表达在千变万化的荷叶上是最恰当不过了。其实荷叶就是人生，他可以是豪情万丈的壮士，可以是婀娜多姿的淑女，可以是将军的号令。陈谷长表现了荷的柔性一面。"

台湾著名艺术评论家、画家、作家蒋勋则认为："陈谷长的作品是可以纳入江南画派的系统来看的，使我想到大多是江浙一带活跃的画家，追求水在宣纸上渲染的透明效果，也追求毛笔线条的灵动性。许多墨的层次仿佛倒影，特别有水的娟秀与灵秀。"

以"民国第一言情小说"《秋海棠》闻名于世的著名作家秦瘦鸥对谷长兄的画作也赞赏有加："越中陈谷长先生专攻花鸟、人物，尤精绘荷。观其所写芙蕖千幅，深觉以宋名诗人杨万里七言绝句'接天莲叶无穷碧，映日荷花别样红'移题陈先生佳作，可谓相得益彰矣。"

朱自清先生早在1927年就已有脍炙人口的《荷塘月色》问世。朱先生的散文如同"工笔画"，景物描绘精雕细刻、细腻传神。在他的笔下，月光下的荷塘美轮美奂，"叶子出水很高，像亭亭的舞女的裙。层层的叶子中间，零星地点缀着些白花，有袅娜地开着的，有羞涩地打着朵儿的；正如一粒粒的明珠，又如碧天里的星星，又如刚出浴的美人。微风过处，送来缕缕清香……"妙笔演绎经典，字里行间让人似乎目睹了荷塘的闪烁迷离，感受到了在月光下荷的"袅娜"和"羞涩",闻到了荷如"出浴的美人"在月色下散发出的"缕缕清香",令人陶醉、令人遐思。

如今,谷长兄用他的笔墨也将"月色荷塘"端到了我们的面前。在谷长兄的水墨空间中,荷塘清辉碧影、迷蒙流动,平面的荷叶重重叠叠,摇曳的荷花兀立其中,细长的游鱼穿梭在叶茎间……水墨

凌波仙子独吐红(中国画)

在宣纸上渗化,似涓涓细流,清灵静谧,充分显示了荷花透明、清雅、空灵的朦胧之美。

荷花本是中国画的传统题材,历来画家画荷,往往都是墨荷、浓荷,墨色淋漓,大开大合。谷长兄却反其道而行之,用极淡之墨、极淡之彩勾画描绘,画面淡雅明净,却全无单薄乏味之感;水晕墨章的渗化之妙,朦胧迷离,但又异常清晰、富含韵律。荷花、茎叶、游鱼构成了点、线、面,动与静的完美结合,似影像的叠化,充满了梦幻感,在一片无序和混沌中闪烁出别具灵寄的审美效果,充满了生命的律动。

此时,我不禁想起了沪上著名美术评论家谢春彦先生的一席话:"余有一画友欻然谷长陈君也。君修长体瘦却筋强其骨,美髯,寡言辞,偶论艺,常有惊人句,一如其画作,简雅明朗,绝无废墨焉;雁行秋空,鱼翔秋水,固与君性情一致也,所谓人画同者。"

静耕砚田,清绘雅韵。用唐代诗人李白"清水出芙蓉,天然去雕饰"这两句诗来形容谷长兄其人、其画,愚以为是再贴切不过的了。

(原载上海炎黄文化研究会《炎黄子孙》2018年第2期)

透视陈古魁心然主义艺术大格局

底谓

> 陈古魁，1943年生于上海，1965年毕业于上海市美术专科学校，同年入职上海油画雕塑创作室（现上海油画雕塑院）。曾任上海油画雕塑院院长，国家一级美术师，现为中国美术家协会会员、上海市美术家协会理事、上海市文史研究馆馆员、上海炎黄书画院顾问。

大凡世界各地的参观者怀着好奇和敬慕之心参访上海博物馆时，都会被正门两侧的八头形制各异、神态生动，既具中国传统韵味，又富当代装饰感的"辟邪"动物雕塑所吸引。这些杰作的创作者，便是著名雕塑家、水墨画家和陶瓷装饰艺术家陈古魁先生。

陈古魁1960年以优异的成绩考入名闻遐迩的上海市美术专科学校预科，在校就读的数年中，他在学习素描、色彩等美术基础知识的同时，广泛研习中国画、水彩画、油画、版画、连环画等各类艺术表现手法。其间，陈古魁对中国传统水墨画产生了浓郁的兴趣，在大量临摹宋元乃至明清的经典画卷之余，开始运用水墨技法，尝试创作讴歌现实生活的多种题材。一幅表现农村红红火火填水造堤场景的水墨人物画《填基》，在参加了预科的毕业成绩汇报展后，还被《新民晚报》刊载于1963年7月27日的《繁花》版上。由于陈古魁扎实的造型功底和突出的创作能力，在预科毕业时，与陈逸飞、王志强等6人一起，升入大学性质的油画雕塑训练班，正式学习雕塑。

雕塑在中国古已有之，但真正形成系统的现代创作理念，还是在20世纪30—40年代西方雕塑技法传入中国之后。因此，在陈古魁学习雕塑的那个时期，中国的雕塑总体水平尚处于发展阶段。人物、动物类的雕塑逐渐对骨骼、肌肉、比例、神态有了愈来愈高的要求。陈古魁很快就意识到了这一点，故在学习之余，将自己的视野大量投放到了古希腊的经典雕塑、欧洲文艺复兴的人文唯美雕塑，以及启蒙运动之后的现实主义、浪漫主义雕塑上。同时，他又十分重视中国古典雕塑的神韵与风格，深入研习了先秦青铜器、汉魏砖雕，敦煌、龙门等石窟中魏晋以降的泥雕、石雕，乃至明清时期民间的木雕、竹刻等技艺，全面掌握了东、西方三维造型的各种技法，逐渐形成了西学中用的早期创作理念。正因如此，1965年7月陈古魁从上海美专雕塑训练班毕业，分配到上海油画雕塑创作室（即现上海油画雕塑院）后，很快就参与设计制作了上海人民广场上的第一座铜像，并频频完成组织上赋予的各项艺术创作任务。就连当年研制人造卫星的机构也找到了他，希望能创作一尊小型伟人雕像，随卫星带入太空……也正是在这一时期，另一种三维立体美——陶瓷装饰，开始引起陈古魁的高度关注和浓厚兴趣，只是出于工作原因，无暇深入涉足。

现实中，导致陈古魁的艺术理念首次升华的原因，却是一件匪夷所思、事与愿违的事件。20世纪60年代中期的一天，陈古魁怀着一颗赤诚之心，篆刻一枚"敬祝毛主席万寿无疆"的印章。就在要刻最后一个"疆"字时，他接到了单位里的会议通知，于是只能将未完成的图章放下开会去了。孰料，在那特殊的历史时期，陈古魁竟因这个未完成印章上的残缺文意而入狱。不过，在之后漫长的铁窗生涯中，陈古魁非但没有自暴自弃，相反对艺术的本质、形式、

息（雕塑）

功用乃至存在价值等，进行了冷静而深入的思考。他甚至协助监狱管理方开展各种有益的文化活动，自己动手为监狱的文艺乐队制作了大提琴。他从自己用艺术的烈焰融化冰冷生活的现实中体悟到，艺术其实并非简单地"源于生活而高于生活"，其生命力应源自创作者用自己内心的美，去征服现实的残缺。这是一次代价极高的认知飞跃，是所有一帆风顺者所无缘拥有的境界！

与其说，陈古魁10年后终于走出了"铁窗"，倒不如说他是将"铁窗"熔铸成了自己的翅膀，于是飞得更高。他的全新创作理念，直接点燃了不可抑制的创作欲望，大批优秀作品如井喷般涌现。除本文开篇所提到之上海博物馆正门的石雕，还有上海图书馆大厅内的《上下五千年》、花园酒店内的《春色满园》等诸多题材的巨型浮雕。而张乐平、谢稚柳、刘海粟、汪道涵等众多杰出人物的塑像，仿佛更是在倾诉着陈古魁自己对人生的认知。一尊伫立于龙华烈士陵园的《解放上海》纪念碑圆雕，强烈地展现出一个时代的精神风貌。与此同时，在上海油画雕塑院的一次院长民主竞选中，陈古魁用自己振兴艺术的理念和自强不息的人生信仰，脱颖而出赢得众望，成功当选为第一届民选院长。

值得一提的是，繁忙的行政管理和雕塑创作，并没有使陈古魁丢弃自己的"初恋"——中国画。他在自己空间有限的创作室内，依然架设了一个简陋的国画工作台。只是他的创作内容，开始由曾经的水墨人物，转向了心灵山水。他像中国传统文人那样，更心仪那些千变万化的长河叠嶂、落日平月、奇松异石……他认为，能够满足无限想象的，唯有那变幻莫测的大千世界。

眼见陈古魁在雕塑、绘画上已然功成名就，足可享受成果时，他却出人意料地再次"突围"，重新构筑了一个令世人刮目的艺术空间，而这一境界的出现，正是源自数十年前，他对古陶、古瓷艺术的关注与喜爱。进入21世纪以后，因年届退休，陈古魁终于可以将自己的艺术触角拓展到瓷器创作领域。在他看来，只有瓷器装饰艺术，是天然地融泥塑、水墨、色彩、镌刻、装饰、烧制、釉变等几乎所有造型艺术的技艺于一体。令他惋惜地是,数千年来,瓷艺一直停留在工匠制作层面,其美学潜质远没有得到充分开发,更莫说跻身艺术创作领域了。将瓷器装饰水准推升至艺术创作境界,已然成为陈古魁的人生使命之一。他认为:"仰韶文化、马家窑文化的彩陶说明,陶瓷艺术的本质是装饰。而装饰是千变万化的。但它又不是乱画,而是由点、线、面构成的有机组合。"如果说,有些画家介入瓷器绘制,更多的是附庸风雅,那么陈古魁的瓷器艺术创作则是探索。他直接参与瓷瓶造型设计,反复研究釉下彩、釉上彩的绘制方法,探讨中国式笔法与西洋式色彩的有机结合……从而形成了独树一帜的"装饰大写意"。于是,传统青花图案里,不仅有古藤苍松、峻岭深壑,而且错落有致地呈现祥云吉草、玉兰金葵、游虾戏鱼,甚至还有碎石岩层、绳结藤编。其强烈的装饰感与通透的抒情写意,使原本冷峻的瓷瓶平添了无限温馨。陈古魁笔下的五彩瓷绘,成功焕发出强烈的视觉冲击力,从而忝列于当代艺术行列。

陈古魁在创作中

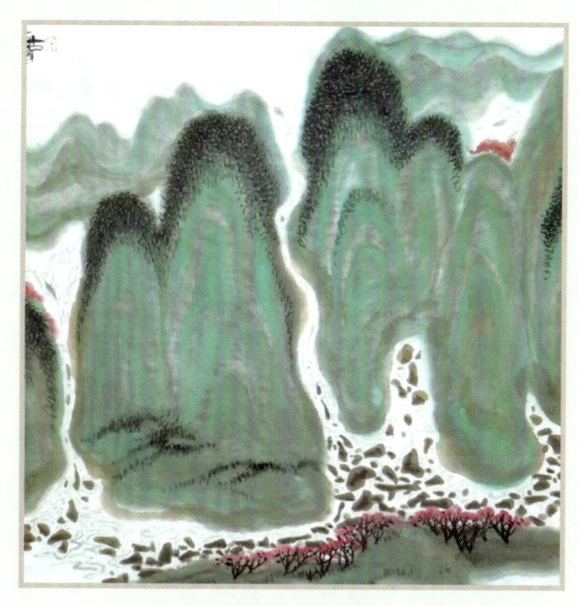

天马晨曲(中国画)

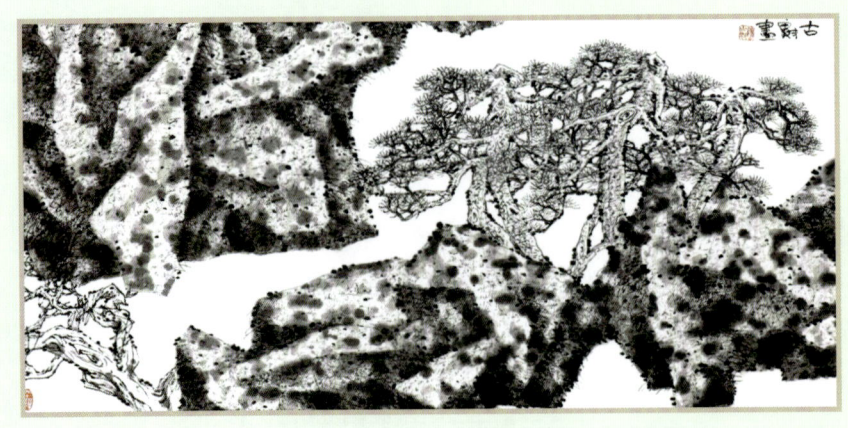

园林一角（中国画）

令人惊叹的是，陈古魁在秦古美术馆"今窑"绘制瓷瓶时，不仅将雕塑造型融入瓷瓶设计，甚至将统计学知识引入瓷器烧制工艺之中，指导工匠们把每一炉瓷器偶发窑变的烧制温度、时间等数据逐一记录下来，从而使古今瓷人无法把控的釉色窑变，变得越来越可控。陈古魁说："火是不可捉摸的，通过记录，我们就可以发现和掌握其中的规律，而掌握了这些规律，就掌握了科学；掌握了科学，就能站在人类的最高端。"这是何等认真的学术态度，何等辽阔的艺术心胸！正因如此，多年钻研之后，出自陈古魁之手的五色窑变，那些大山大川、草木丛林、丹卉碧叶、沉鱼息鸟，完美展现出人为美与天然美的有机融合，将瓷器窑变艺术推入了"必然王国"。中国从来不缺少聪明人，但极缺如此推陈出新的艺术大家！

陈古魁正是在对这种多艺术交织的深刻思考中，第三次锻造起了属于未来的艺术理念——心然主义。他指出："艺术的第一要素是美，而美是一个人心中天然富有的。技法本无所谓美，是用来为表达内心之美服务的。因而，只要能充分表达内心的美，任何技法都可被应用！"正是在这一理念的推动下，陈古魁的所有艺术作品，开始呈现出"法无疆界，意无局限"的非凡风貌。他超越各种技艺之疆界，从心所欲地藏笔墨虚实于雕塑，现满堂装饰于山水，设浓彩镌刻于陶瓷；令雕塑抽象空灵，令山水林木似是而非，令陶瓷写意装饰。其心本天然、法无疆界的艺术大格局，令人耳目一新！

（原载上海炎黄文化研究会《炎黄子孙》2020年第4期）

造化生心像
笔端出天巧
——海派书画家陈小培小记

之 翔

> 陈小培，1945年6月出生于四川成都，20世纪60年代毕业于上海市美术专科学校，资深丝绸图案设计师、知名中国画家。数十年来专注于丝绸美术设计和中国画山水、花鸟画创作，系中国流行色协会、上海市美术家协会、上海市工业美术设计协会会员，上海书画院画师，上海东元金石书画院理事，上海炎黄书画院书画艺术家。

说起中国画坛，便绕不开"海派"。

上海是19世纪末"海上画派"的发祥地，曾经活跃过赵之谦、任熊、虚谷、吴友如、任伯年、蒲华、吴昌硕等一大批"海派"画家。这批具有上海城市特点的画家，既占有中国古代绘画史的最后篇章，又开创了中国现代绘画史新的发端。百多年来，海派书画以它辉煌的人文情怀、开风气之先的时代精神，引领着近现代书画的发展潮流。

玉立（中国画）

　　20世纪60年代，新建立的上海市美术专科学校，在江寒汀、程十发、唐云、应野平、郑慕康、俞子才等中生代海派书画家的精心培育下，涌现了包括陈小培在内的一批海派书画新人。

　　1960年夏天，小培中学毕业后考进了新成立的上海美专预科。在预科三年的学习中，得应野平、俞子才、郑慕康、乔木、谢之光，以及哈定、李咏森、许力民等亲炙，又近距离地受到颜文樑、张充仁、吴大羽、周碧初、俞云阶、江寒汀、涂克、丁浩、孟光等的熏陶，学业得到了长足的进步。他的毕业创作中国画《丰收之后》与王劼音、王永强、陈古魁、戴明德、吕吉人等创作的优秀作品一起，受到了新闻媒体和社会各界的关注与好评。《丰收之后》还成为少数几幅被《文汇报》选登的作品之一。毕业后，小培被分配到了上海市纺织局干部学校转行学习纺织图案设计。

　　面对人生轨迹中途的改道，小培没有怨天尤人，依靠自己在上海美专就学时打下的坚实基础和在工作岗位上锲而不舍的努力，成了一名出色的丝绸图案设计家。他的作品多次获奖，特别是在亚洲纺织图案大赛中一举夺魁，获得了中国纺织图案设计史上首个国际大奖，在业内声名卓著。凭借着娴熟的中国画笔墨技巧和对丝绸印染工艺技术的熟练掌握，20世纪80年代，小培又在丝绸面料上进行了手绘艺术的研发，成绩斐然。在圈内，小培对手绘丝绸产品发展的开拓性作用广为人知、有口皆碑。

数十年来,尽管丝绸图案设计和手绘丝绸的艺术生涯耗去了小培大量的时间和精力,但他始终没有放弃过对国画艺术的孜孜追求,也从未停止过绘画创作。小培常常说,图案设计与国画创作其实并不矛盾,而是可以相互渗透、相得益彰。当时工厂图案设计人员具有得天独厚的条件,每年都有外出写生的机会。多年来,他几乎走遍了国内的名山大川,观察记录山石河川的形体肌理、树木花草的枝蔓穿插,在大自然的鬼斧神工中汲取养料,积累创作的素材。这些素材,既可用来创作丝绸图案,又是国画创作的灵感来源。"师自然生心像,大势细节神韵气足。"细观小培的作品可以清楚地看出,他特别注意感受并力求表现山川的气韵和生机,十分注重对象的造型美与色彩美,讲求画面构成的空间分割、疏密对比和形式感。坚持"造型不离原形,夸张不离法度",他的画自然恰当而不矫饰造作,在基本传统写实的基础上略带一点装饰性,使作品呈现出一种与众不同的个人风貌。

小培认为:"向生活学习、向传统学习是画家的两条腿。纵观古今,凡有成就者都善于两条腿走路。"在师法造化的同时,十分注意师法古人。他常说:"不师古人,就割断了中华民族的绘画传统血脉;不师造化,就失去了艺术的本源生命力。"对古今中外的传世名作,他没有太多的照本临摹,但喜欢反复细读、心摹手追,以求在自己的作品中自然流露。对于师法古人,他有自己的想法:由于时代的变迁、科学的进步、交通的发达,世界已经变成了"地球村",今人的眼界肯定要超过古人。时过境迁,沧海桑田,对古人没有必要也不可能亦步亦趋,温故知新才是正路,总要给后人留下具有时代印记的作品。

在当代画家中,小培喜欢李可染、陆俨少、张大千,也喜欢对自己影响颇大的谢之光老师。他被前辈们在宣纸上放笔走

青山叠翠图（中国画）　　　　　　秋山清远图（中国画）

马、泼写兼施的潇洒风度深深感染，但他对这些大师也不迷信，更不照搬照抄。他认为，每个画家都有自己不同的品性，没有必要装模作样"东施效颦"。小培坚持"转益多师，兼收并蓄"，是一位清醒的求艺者。

　　山之为山，有形有质，有千峰擎天，有奇石镇海；风之为风，无形无质，随势而流，凭力而起。是故，我们在小培的山水画中，常常能看到王蒙的苍茫、范宽的雄健、郭熙的灵巧，也能看到李可染画风中的质朴、凝练，陆俨少稠密润丽、虚实相济、变化多端的"陆氏云水"，以及谢之光的打破常规、别具灵寄……然而，又什么都不是。从古人入、从造化出，画中呈现的就是他自己心目中的山山水水。

小培的花卉创作与他所从事的丝绸图案设计更有着异曲同工之妙。中国画是线的故乡，线这种最原始而又便捷的造型手段，以其无穷的容量，浸润了一代又一代艺术家的智慧与才情，同时也诱发他们不断穷追其内涵、参悟其本源。小培善于运用线条和点、面组成的对比节奏。他的花卉作品多以梅花和石榴为题材，画梅独树一格，多具构成形式，注重枝条穿插，在自然的梅树丛中找出理想的构图，略为加工，用细线条勾花瓣，施以淡彩，清雅绝尘，与传统画法迥异，令人赏心悦目；画石榴，常常以石衬树，火红的石榴硕果累累，逶迤在山石间，细笔描画的石榴与大刀阔斧的山石、树干，在色彩和肌理上形成对比，极富形式感。

　　造化生心像，笔端出天巧。正如著名画家、美术理论家江宏先生所言："雅不成孤芳、俗不入媚态，七分高深、三分浅显，七分典雅、三分俚俗。"我借用来评论小培的山水花卉恰如其分。有语云："画品即人品。"小培的画深入浅出、雅俗共赏，既没有故作高深、故弄玄虚，也没有挤眉弄眼、讨好世俗，在画品中尽显了他正直、磊落的人品。

　　光阴荏苒，似乎还在吟咏着"十五而志于学，三十而立，四十而不惑"，规划着自己的未来人生，"一不留心"就过了"耳顺"。已经踏入古稀之年的小培常常感叹自己"一事无成两鬓斑，叹光阴一去不复返"，觉得还有好多东西要学、要做。然而他深信"夕阳无限好"，在艺术领域依然"志于学"，继续描绘着自己的艺术人生。

秋山图（中国画）

石榴（中国画）

虽然在中国画论的"六法"之中有"随类赋彩"的法典，但是自元明以来，特别在"文人画"中，纯水墨似乎成了经典。然而，世界是缤纷多彩的，在中国画的发展中，既需要王维之类文人、士大夫抒发个人性灵的"水墨为上"，也需要描绘自然物像的"随类赋彩"。作为一位长期从事丝绸图案设计并在此领域卓有成就的专家，我想，至今依然"志于学"的海派画家陈小培有责任、有能力在中国画的"随类赋彩"中有所作为，在山水和花卉创作中纷呈异彩，用最新、最美的色彩在古老的宣纸上描画出五彩缤纷的大千世界。

（原载上海炎黄文化研究会《炎黄子孙》2018年第3期）

独自行走
——读姜建忠油画

毛时安

姜建忠，1983年毕业于中国人民解放军艺术学院美术系，1983—1985年任北京总政歌舞团舞美设计，1986年至今任教于上海大学美术学院油画系。中国美术家协会会员，中国油画家协会理事，上海美术家协会油画艺术委员会副主任，上海大学上海美术学院艺术造型部主任、教授、博士生导师，上海炎黄书画院顾问。

姜建忠，是一个极其讲究艺术精神气质的画家。

每一门艺术、每一个画种，都有着自己与众不同的精神气质。成为一个优秀艺术家的先决条件，就是必须与自己从事的艺术和画种，在精神气质上相共鸣、相投契，具备彼此间在精神气质上某种息息相通的同构性。姜建忠的油画，虽然远不那么强烈，但在沉潜中不知不觉地散发着油画独有的精神气质。读他的油画作品，你会自然而然地为画中流露出来的宁静、优雅、彬彬有礼的精神气质所吸引、所感动。

在一个充满喧嚣和骚动、推崇时尚和速度、艺术像浮光掠影的时代，建忠作品中自然流露出来的精神气质，总是带着一种沉默而顽强的抗拒和

柏柏尔人的村道（油画）　　　　　　两个试点（油画）

温和而不动声色的反叛意味。他的作品，从来就不是喂给小布尔乔亚的午后甜点，尽管他画小布尔乔亚式的人物。他的画修饰得体，极其精致到位，但通体上下都带着点儿静气和涩味。它们也不是大众所追捧的卡路里很高、让孩子早熟的汉堡包，无法满足你感官的食欲，但却耐得你精神的久久饥渴。在时代的潮流之外，它们总显得有那么点落寞，那么点不审时度势、不随波逐流而甘于寂寞的味道在里面。

这是只能依靠内在的思想力度和极为坚实考究的艺术技巧，才能打造出来的艺术世界。它们像肖邦的夜曲散发着忧郁伤感的诗意，像卡夫卡小说把深思熟虑后的冷峻目光毫不客气地投射到世界光影斑驳的大墙上。

姜建忠当然不是一个抽象画家而是一个具象画家。他画人物，也画静物。无论人物还是静物，在视觉形象上通常都明确肯定而毫不含糊，紧贴着我们生活的世界的表皮。但是，他们和它们又始终矜持、清醒而彬彬有礼地保持着与现实的距离，保持着神秘的期待解读和阐释的空间，而不与现实进行什么过分的"亲密接触"。在心理形象和精神指向上，是虚幻的，不那么容易让人确定的。你知道姜建忠在你心里置放这团光影背后是有东西存在的。可是，你无法明确言说、更无法预知藏在背后的那些东西是什么。它们似乎"近在眼前"，可当你伸出思维之手企图抓住它们的时候，却又"远在天边"了。

从思想的维度看油画家姜建忠，他的身上有着一以贯之的强烈的文化精英气息。文化精英，是当今许多文学家、艺术家、学者、知识分子自诩、定位的社会角色。但在一个修饰被极度夸张、顶级形容词一地鸡毛的时代里，这同时是一个被滥用了的名词。可以斗胆地说，在鱼龙混杂、泥沙俱下的所谓文化"精英"中，很少能碰到几个真正以思想、文化、学术为业，洋溢着人文热情，自觉站在时代前沿作深度思考的精神探索者。相反，不乏批量的虚张声势、见风使舵、投机取巧、沽名钓誉的伪精英，更有不少视公众为草芥、以自我为中心、不学无术却又高高在上、只以物质财富多寡而不以精神财富深浅而沾沾自喜的所谓"精神贵族"。

姜建忠虽然不事声张，更不以文化精英自矜，但他气质敏感，冷静中始终保持严肃思想的锋芒和思维的力度。他的创作像一道山脊，横贯了中国从20世纪80年代至今的将近三个十年中。但是，主宰他艺术创作的灵魂，是在20世纪80年代的北京萌芽、孵化、成型的。那是一个思想解放、狂飙突进，洋溢着青春热情，思维向着哲学、文学、艺术、历史、政治全方位掘进探索的年代。以至多少年后他依然无法忘怀，当时来自各方的忘年朋友聚集在一起无拘无束高谈阔论的"动人情景"。

在完成了"演算"和"静物"系列的创作后，姜建忠重新回到了他早期最熟悉最擅长的人物肖像油画。

面对物质的高度膨胀和物欲的极度扩张，面对人性的分裂和精神的塌陷，姜建忠试图要做的是解读当下人物的精神世界。在近期创作的人物肖像油画作品中，他摆脱了自在而不自为、心为形役的照相式写实主义的纠缠，大胆省略并简化了许多无关宏声的细节精确，让它们虚化消解在一片混沌的光影中，并由此突出人物立体精神世界的精确刻画。于是，在精神分析完成后，那种激动人心甚至有点震撼灵魂的藏在人物和画面背后的精神本质，被凸现、被强化了出来。

姜建忠塑造的那些人物，通常都有相当的文化教养，气质脱俗而敏感，流露着某种不易察觉难以捕捉的情绪，他们用自己的眼睛凝视自己面对的世界。姜建忠精心捕捉人物捉摸不定的眼睛，打开了人物心灵的窗户。他们的目光五味杂陈，有苦闷，有不解，有冷漠，有茫然，有彷徨，有蔑视，更有疑问，可以读出许许多多的内容。他们目光的所指有着无所不在包罗万象的广大，但这种目光的所指却是一无所有的空洞。剩下他们保留得很好、纤细而修长的手指，孤立无援地紧紧抓着身边的小狗小猫，唯有在这些小生灵中寻找着生命的慰藉。

这是被异化后的人性的对应物，是人被边缘化后的精神写照。在看得见的冷静客观的揣摩背后可以读到沉潜其中画家的主观思考，对后现代状况下人类生存尤其是精神世界的沉重深刻的忧思和质疑：难道这就是我们共同面对的世界，共同面对的时代？这是我们这个时代"人"的集体自画像，充满了隐喻的意味。

面对这张自画像，我们不得不自省：我们的人性在哪里，在何时失落？画家在追问人物内心的时候，也在拷问自己的内心。这些肖像作品，是人物外貌的肖像，同时是他们内心的肖像，更是一个时代的肖像。在这些肖像中保留了我们生存的那个时代，保留了那个时代相关的我们赖以生存和为之生存的情感、精神、气质和价值，保存了我们对渐行渐远的时代的某种记忆、思考和敬意。

姜建忠不是一个喜欢热闹的艺术家。但我相信，他近年创作的这批散发着真正精英气息和思想力度的作品，会随着一个时代的褪色而愈发鲜明地体现出它们的人文价值和收藏价值来，就像人们珍藏多年的那些发黄的老照片一样。

难能可贵的是，艺术家处理人物时的态度。他既没有嬉皮士式玩世不恭的狂野热嘲，也没有雅皮士养尊处优的漠然冷嘲，更没有流氓痞子般地胡来。他把我们司空见惯的愤世嫉俗变成了思想的穿透，又把思想的穿透转化为一种感性的艺术的呈现。他像一个学者，倚仗来自书斋和书本养得的静气，冷静而审慎地与对象保持着清醒适当的距离，用外科手术刀般的画笔精细精确地刻画着人物的精神世界。这一切诚如画家自己说的："绘画是要靠一种文化来滋养的。离开了文化这一片生态，所谓的才气迟早会耗尽。"

和那些仅仅依靠表面的花哨热闹炫技性取胜的作品不同，姜建忠的人物肖像油画粗看并不惊世骇俗、激动人心，但是十分耐看。这种耐看，除了前面所说的精英气息外，艺术上来自他的学院做派。油画艺术不同于有些画种，就在于它是一门需要深湛和丰富技术素养的画种，是一门具有深厚学院传统的造型艺术。

姜建忠油画秉承了学院一贯的严谨扎实的对油画语言表现形式的讲究。

岁月·人（油画）

解读戴安·阿勃兹（油画）

他曾对意大利文艺复兴的早期油画做过深入的学理性研究。在他的作品中可以看到古典的严谨而结实的造型和结构，但严谨而不死板。他经常会虚化背景繁复的戏剧性，消解对象清晰的外轮廓边缘，从而使严谨的结构获得一种意想不到的松动、空灵。心欲取之，必先予之。他的作品通过有效的结构上的舍弃，强化了人物的心理戏剧性，从而进入了内心世界的开阔地。在色彩上，他同样做减法，把色彩严格地控制在一片青灰和灰褐的调子里。强化黑白的强烈对比，只在隐约之中极为吝啬地使用一点明亮暖色，把人物始终放在冷峻的光影背景中，但单纯不等于单一，更不同于单调。他侧重于这种单纯中微妙的色彩过渡、衔接、变化，通过色彩丰富的不断的层积，让油画表层肌理散发出一种令人心驰神往的魅力，形成一种具有他个人明显印记的"有意味的形式"。建忠油画的视觉张力来自视觉的内敛，来自对油画本体出路的自觉反省和沉思。

在古典和后现代之间，在具象和抽象之间，建忠走的是"第三条道路"，既对古典有所抗拒，也对后现代的诱惑有所抵制，从而使古典的技法获得了现代的表现活力。他似乎是在同时做着极为冲突的事情：既捍卫经典，也质疑经典；在质疑传统的同时，又举手向传统致敬；既面对成功，也不惧怕失败。因着这种高度严谨的学院做派、极其复杂的技术处理，建忠每一张画都是反复酝酿、深思熟虑的，都是精心打磨、不厌其烦的。

一般政治经济学原理认为，产品的价值决定了产品的市场价格，而劳动者在一件产品上付出的劳动量创造力的大小通常决定了产品的价格。建忠的作品不是一时红火很快熄火的，而是有着顽强生长性空间的。

建忠是现今画坛为数越来越少的艺术上的完美主义者。他曾经寂寞，也耐得住寂寞。因为，他欣赏——旷野中独自行走的野兽。

可是，我们怎么能把他那文静的书生模样和野兽联系起来呢？又或许，他的内心真有一头四处奔突的野兽。

（原载上海炎黄文化研究会《炎黄子孙》2018年第4期）

从传统走进现代
——朱新龙的人物画艺术

左庄伟

朱新龙，1952年生于上海，浙江宁波人。现为国家一级美术师，中国美术家协会会员，江苏省国画院特聘画家，上海师范大学美术学院特聘教授，上海炎黄书画院顾问。

在中国的绘画题材种类中，人物画出现最早。从初见于原始彩陶器皿中的线面结合的装饰性人物形象，到现在看到的最早的战国帛画《龙凤人物图》中挺劲有力、顿挫曲折、富有节奏变化的黑色线描，黑白组合突显装饰性写实人物画的高水平。孔子观乎东周明堂见四门牖，有尧舜之容、桀纣之像，而各有善恶之状，兴废之诫焉，可见2500年前人物画已能表现出肖像式的精神性。魏晋时期，顾恺之提出"以形写神，形神兼备"的画论，促进和提升了人物画的发展。到唐宋时期，中国人物画发展达到巅峰状态。自宋以后，文人画的兴起逐渐成了主流，由于人物画不适应文人的自我性情表现，逐渐被山水画和花鸟画取代，丧失了在画界的主体地位。新中国成立以后倡导"艺术为社会和大众服务"，人是社会的主体、是社会发展的决定性因素，因此也就成了艺术表现的主体题材，人物画再次受到重视，一度培养和涌现出一批优秀的人物画家。但从20世纪80年代改革开放以来，在西方文化艺术思潮的冲击和影响下，画家强调自我内在精神的表现，

花团锦簇（中国画）

芳菲（中国画）

标新立异，使得走进市场的人物画再次受到冷落。即使是画人物画，也不再是把人当人来画，而是当物，当作画家传达某种理想、思想感情或趣味的载体符号而已。坚持讲求美学理想、塑造形神兼备的人物形象的艺术家已很难寻觅。在金陵从事艺术活动的朱新龙是真正既承传统又融现代的人物画家中的优秀者，他的为人和画作都给我留下了深刻的印象。

新龙君出生于20世纪50年代初，是在新中国成长发展起来的一代画家，他的艺术发展于20世纪70年代，成就于改革开放以后。他曾受到过规范而完备的学院教育，学习过中国与西方两种艺术观念和画理、画法，具有写实造型的基础和书法用线的功力，能西擅中，借古

| 200

融今。他是一位从传统走进现代的多能画家，人物、山水、花鸟皆善，尤以人物画名世。四十余年来的创作实践使他建立起了个性鲜明的人物画风，独立画坛，饮誉宁沪画界。

我品评一位当代画家的艺术成就，主要是看这位艺术家能否在缜密而完善的传统绘画脉络中找到适合自己的审美观念、艺术理念、画理和画法，博采众家之长，在自己所处的时代和艺术环境中承继、发展，创造出独一无二、具有鲜明个性的画风。在我观赏新龙君的画集作品之后，我找到了。

对一位画家来说，只要熟练掌握绘画的造型基础和笔墨技巧，画什么题材都会成功。新龙君擅画人物、山水和花鸟，但尤精擅人物画，他所创作的人物画题材多样，历史的、现实的，高人逸士、宗教神话，尤以古今仕女美人为最；他的画法亦是依题材、内容而定，时而用素描块面光影法，时而用工写结合法，时而泼洒水墨，时而平涂装饰，时而用游丝弦长线，时而用焦墨粗笔触，时而浓墨破淡墨，时而又淡墨破浓墨。画法中不仅运用多样笔法、墨法、色法，更引人注目的是用水法，使画面总是水墨淋漓、润泽华滋。在当代画家中，能如此随情、随意创造出不同画法，塑造各种人物、山水和花鸟的画家并不多见。

绘画的图式和所施笔墨语言的美，主要表现在画中人与人、人与环境之间的主次关系和各种层次的对比调和美。美学上有一种观念就是美在关系，新龙君笔下的图式、笔墨艺术语言所塑造的艺术形象就是美在关系。

从学院里走出来的画家，不管是学西画或国画，都必须经过写实、写生的绘画基础训练。因此，当走上艺术创作道路，在创造艺术形象时，不管是有意还是无意，总是将中西两种画理和画法融于一体，国画中融有西画的造型元素。新龙君创作的《走向共和》和《为了共和制的理想》是运用水墨语言塑造历史事件和民国历史人物的历史画，就笔墨而言可谓写意，甚至大写意，笔法纵横，墨色交错，充满激情，严谨中见狂放，又十分着意于人物的肖像性和表情刻画。为彰显人物形象的力度和英雄气概，新龙君使用独创的大刀阔斧的笔法和明暗光影法塑造面部。此处明暗法又非西画中的瞬间光影法，它的光不是来源于一处，而是根据画面和人物创造的需要给予画中人物的,这就是中国画家笔下的中国式光影法。军人帽子上的润笔有明暗效果,但绝非西画中的光影体积感,他的这种画法不中不西,亦中亦西。

界定新龙君的人物画法不能简单地归于工笔或写意,就他所作的近代群体文人肖像画而论,他着意于刻画画中人的不同个性、学识修养,我虽未见过这些大文人,但从画中可以看到民国时代文化人的品格、气质和符合那个时代的人物情态。人物之间没有情节性,各自独立,但内在精神、气质是一致的。画法写中见工,工中又隐含着写,这里的工与写都是相对的,人物的头部画法即是。人物的衣着施以大写意,超越结构,颇似西画中的抽象笔痕,在狂放和收敛的对比中见调和,为了使前景人物衣着大写不致散乱无序,还特别以寓意高节精神的挺拔竹枝和背景大块墨色平涂衬托,这样的配置亦工亦写亦装饰,达到变化多样又统一的美感,这些画法都饱含在他的《学者》和《书香》画作中。

在古今中外美术历史上,美术家极爱表现的题材就是女性形象,并竭力表现她们美的样貌、美的姿态和美的神情。新龙君既塑造现实的人,也表现理想的美神,因为在他看来女性是人世间美的化身和象征,是宇宙的缩影。世上如果没有女人,就如同宇宙没了太阳。在他的心目中,即便是裸体女性也是大自然的化身,她饱含着宇宙间一切美形和美质。新龙君爱画古今仕女美人也在情理之中。在他的笔下,美人就是他的审美理想和真善精神的符号。画中追求闲情逸致,具有音乐般的诗情画意,他所创作的美人无论是着衣的或是裸体的,都蕴含着时代印记和时代精神及当代人的审美观。当今社会正处在一个为了生存和发展激烈竞争的时代,人们在这急功近利、浮躁和拜金的社会环境中劳心劳力,易产生一种莫名的危机感、紧张感和不安感。这种社会精神压力必须通过不同途径宣泄、缓解、慰藉和平衡,方可使人恢复到一种身心和谐的状态,艺术就是其中一种高尚的宣泄方法。法国现代艺术大师马蒂斯所处的时代与当今有相似之处,他在那个社会时代环境中,创作出了一种没有紧张和不安、让脑力劳动者和体力劳动者得以慰藉心灵的艺术,他称之为"安乐椅式的艺术"。在我看来,新龙所创作的仕女和人体艺术就具有抚慰人们心灵和审美理想的艺术品格。他画的着衣

百合幽香（中国画）

古今仕女都被置于花木丛中，或抚琴，或弹琴吹拉，悠闲自得，与世事无争。她们都生活在极乐、极美的自然中，香花伴美人，在花丛中不时发出悠扬的琴声，恰似世外桃源、人间天堂。作品多采用圆满而不塞的图式，以流畅琴弦般的细笔书写人物的美貌、美姿和美态，以多样的水墨变化和狂放的粗笔墨块画花木，又以横七竖八、乱中有序的水墨笔触画衣着，最终用

凝脂（中国画）

平涂的大墨色块布背景，求得平衡统一、掌控前景人物。他营造的这种画面图式和以多种笔墨法构成的多样统一的审美效果，是非高手不能为之的。

　　新龙君笔下的裸女是从现实生活里的美丽女性形象中搜取的，抬手弄肢既生活化又不入俗，即使有俗之处也隐含着一种纯真文雅的气质。造型中吸取了一些西方人体美的元素，以中国传统的线描书写，不求真实体积感而求韵律味，把美神请到世俗人间来，在她们的形象中蕴含着人性、人情和人爱之美，是肉体美与静净、纯真、善良美融于一身的中国美人。他采用琴弦游丝般的曲线书写，使画中人体丰满圆润，在平面造型中显见圆浑的体积美感。美人被安置在闺阁、花木中，以写衬工，以环境衬托美人，创造出既美艳高雅又令观赏者赏心悦目的美人。人们在他的画中感悟到：人是美的，人生是美的，人的生活是美的。

在水墨画中，工易写难，大写意更难。如今画坛出现一批大写意之作，往往能放而不能收，如脱缰之马，不知笔墨所云。而我观新龙的某些大写意人物画作，不仅能狂放，而且能恰到好处地收敛，放笔处擅用墨，更擅用水，笔端饱含水墨、淋漓滋润。在《孔子问老子》《聚仙图》《怀素书蕉》等一些描写古贤高士的画作中都可见得。古人云：用笔易，用墨难；用墨易，用水难。可见水在水墨画中的意义和使用的难度。大写意画除用"得意忘形"的夸张变形手法外，更重要的是用水法。在水墨画中，水一般被画家作为调和墨色层次的媒介物，属于画法。而在高明的画家中，水不仅被视为画法，而且被提升到画理的高度，是与笔墨同等地位的造型语言。世人皆知水是宇宙万物的生命之源，在水墨画中水是主宰，用得好画中形象就活起来，充满生命的活力。新龙生长在江南水乡，是水文化孕育了他的水墨画，他的写意人物画都充满了水韵。在新龙君的画中，笔墨随情意而运，水墨色淋漓；具象与抽象融于一画，乃至一人；水韵墨色完美统一于形象之中，虽自由奔放却不越形矩。中国的水墨画自唐人王维开先河，代代有高手大家。明人徐渭的水墨大写意有盖世传世之影响，是水墨大写意之巅峰，可在他的《杂花图卷》中见得；近代齐白石又是一个高峰，可在他的"虾"中显见。大写意往往用于花鸟和山水，借助于花鸟山水画中的大写意塑造人物形象，是一种大胆的探索。新龙君所书写的水墨大写意人物形态不逾矩，貌合神不离，可谓水墨写意人物画家中的高手。他以独特的图式和多样的水墨语言书写着不同的人物形象和作为衬托人物环境的花鸟、山水，在人物画界风格鲜明，独一无二，为同道所瞩目。

（原载上海炎黄文化研究会《炎黄子孙》2019年第2期）

报人画家张安朴

刘静娴

张安朴，1947年生于上海。从小师从沪上著名画家哈定先生。曾任《解放日报》美术编辑部主任，现为中国美术家协会会员、上海市美术家协会理事、上海硬笔画研究会会长、上海炎黄书画院顾问。

    他是个报人，编辑图片和画刊，是他的主业。

    他曾挖空心思，把有限的版面做到极致，将51幅法国印象主义作品巧妙排在一个版面发表，只是为了将这些浪漫主义杰作分享给读者。

    他又是一位"多面手"画家，创作招贴画、设计邮票、画速写，都是行家高手。凡是出其笔墨者，必达极致。

    他就是张安朴，一个拿画笔的报人。

在孔庙"闻鸡起舞"

    两百年前的张氏祖先乘着小船出门做生意，途经嘉定外冈望仙桥，洗碗时不小心把碗掉进了水里。祖先一想，"饭碗"选择了嘉定，那就落户在望仙桥吧。

    张安朴的出生地不在嘉定，祖先的故事，只是让他对故乡有了最初的印象。直到他上学后，遇到"文化大革命"，插队落户的地点正是嘉定，这才对故乡有了一段不可磨灭的记忆。

远眺外高桥（钢笔水彩）

凭一支画笔，他穿梭于嘉定的街头巷尾。由于美术功底不错，他很快进入县文化馆做美术工作。其间，他为近百位嘉定乡亲画了速写人像，这些画他至今保留在家中。

在嘉定，他还结识了同样热爱绘画的夫人赵谷行。"当时的县文化馆就在嘉定孔庙内，我和夫人不仅在孔庙里结婚，还在孔庙的一间平房中住了三年。"张安朴回忆，孔庙内巨柏参天、古风犹存，景致深深吸引了他，"那时常常'闻鸡起舞'，勤奋画画，为后来打下了基础"。

张安朴在嘉定生活了近十年，虽然调入《解放日报》工作后，他又重新回到市中心生活，但故乡已融入他的骨血。地铁11号线开通后，回嘉定对他来说变得更为便捷。孔庙、秋霞圃、钱氏宗祠、震川书院、西大街、嘉定图书馆、保利大剧院……在张安朴的画作中，嘉定已是他笔下最美丽的风景。

喝着土烧兑酸梅汤谈艺术

张安朴自幼习画,读小学时就在沪上著名画家哈定先生创办的"哈定画室"学画。20世纪50年代,常有波兰、捷克的宣传画、海报来上海展出,东欧的宣传画作品简洁明快,幽默有趣,给他留下了深刻的印象。

1979年,他正式调入解放日报社,追随当时在报社创作油画《黄河颂》的陈逸飞、夏葆元先生学艺,收获颇丰。"那时画得晚了,就住在报社。"张安朴清楚地记得,夏天的夜晚,他常出门买几个下酒菜,打上半斤土烧兑着酸梅汤喝,大伙儿边喝边谈艺术。就是那时,陈逸飞对他讲:"画画要讲究塑造感和形式感,既要用感情、技巧有机地创造出画面,也要在构思、构图上追求新意。"陈逸飞的话,一直从耳边响到了他的笔下。

到了20世纪80年代初,国外的各种平面设计、招贴画传入国内。几乎每周,他都会去上海图书馆翻阅相关书籍。"对我影响最大的是瑞士的《图形》一书。"张安朴说,书中优秀设计作品的构想和构成,给了他极大的震撼。联想到儿时看到的东欧宣传画的感人魅力,他也开始尝试创作。

1983年,他为《解放日报》的《读书》版创作的宣传画《书籍是知识的窗户》,得了全国宣传画一等奖,并被中国美术馆收藏。此后,他又创作了大批宣传画作品,画风也从写实手法向平面化、简约化演变,更追求时代感,逐渐与传统的模式拉开距离。至20世纪90年代初,从他为电视节设计的一组海报可以看出,他已完全摆脱了写实的路子,彻底走向装饰性。90年代中期,电脑在美术设计中的运用,使张安朴的宣传画在设计上基本摆脱了手绘形式,他开始更多追求形式上的创新和观念上的转变。

从"文化大革命"后期模式的解脱到新时期风格的转变,从手绘、喷绘的工艺到电脑制作的运用,他既是实践者,又是见证者。

细看张安朴的宣传画,也有不变的东西,即"人"始终是他表现的主要对象。从写实的带有象征性的人物,到有着装饰趣味的人物图像,再至类似涂鸦艺术家哈林的后现代艺术风格,人物以各种不同的面貌出现在他的宣传画中,唤起人们注意人类生存面对的共同问题。2014年夏,他为首届"世界城市日"设计"地球的微笑"和"彩虹LOGO"系列宣传海报,"地球的微笑"用了拟人化的表现手法，图案中的两只鸽子是地球的眼睛，建筑群是地球的头发，"城市让生活更美好"的中英文标语则组成了地球微笑的嘴，表达了对"世界城市日"的欢迎和庆贺。

邮票设计独具海派意味

张安朴曾说，他画的宣传画是放大的邮票，而他画的邮票则是缩小的宣传画，两者的设计语言极为近似、互相通融。

20世纪80年代，由于张安朴的宣传画作品多次在全国美展中获奖，引起了邮电部邮票总公司的关注。1984年，他受邀参与设计了《中华人民共和国成立三十五周年》邮票的第二图《希望的田野》和第三图《光辉的前程》，从此与邮票设计结下了缘分。

美国纽约时代广场（钢笔水彩）

作为国家的"名片"和有价证券，邮票设计的要求更为严苛和严谨。当时的邮票图稿都是手绘的，小小一幅画面，要和画一幅大作品一样仔细、认真。为了一张邮票图稿的修改，张安朴常常往返于北京和上海之间。

2013年2月，张安朴接到了《豫园》特种邮票的设计任务，此时距离截稿不足一个月。面对诸多已创作大半年的参评者，他按照豫园的介绍，选择了7个景点作为下笔点，采用自己最拿手的钢笔水彩绘画技法创作，通过现场写生与回家二度创作相结合的方式，仅用20多天就完成了7幅作品。当年7月，国家邮政局传出消息，他的图稿被采用。

"我也很意外。"他说。那次，中国邮政对画稿的要求十分严格和苛刻，比如一栋建筑有八扇窗，绝不能少一扇，而且通常会选用四平八稳的画风，以工笔线描的方式表现，然而，或许是钢笔水彩的画法意实结合，恰巧在一众"沉重感"中表现出了"清新感"，使人感受到了海派的意味，让他的作品脱颖而出。有意思的是，他所绘制的豫园邮票图案，还打破了以往经典邮票"有景无人"的规则，在九曲桥的景致中，浅浅几笔就勾勒出了豫园景区颇旺的人气。

武康大楼（钢笔水彩）

邮票发行后，张安朴每天都会收到许多集邮爱好者的来信，有要求签名的，有要求盖章的。他都一一回信，满足要求。"通过邮票传递一种人间的文化温暖，我觉得很有趣。"张安朴用"远声的飞鸿"来比喻邮票设计。

带着速写本去旅行

在相机成为旅行的基本配备的今天，鲜少有人能用一支画笔留下旅途中的所观所感，张安朴就是这少数人之一。

由于新闻工作的需要，每次外出，张安朴都要带一本本子，既是记录本，也是速写本。匆匆而去，匆匆而归，用线条编织的即兴式的图像记录，既是新闻的素材，也是生活的体验。"日积月累，倒是有些生动和让人留恋。"张安朴说。后来，他又做了新的尝试，多做钢笔淡彩式的速写，带上一个小水彩盒，在线条之间渲染几笔色彩。"现在的报纸大多是彩色版，线条加淡彩，见报的效果倒也不错。"这种新闻速写的形式，后来逐渐被业界肯定，受到普遍关注。

张安朴常说，报纸美编是他的主业，画画是他的业余工作。2007年底，他正式退休，于是将所有精力扑在热爱的绘画艺术上，他带着速写本走遍了东欧各国，游览了老挝、缅甸、泰国等国家。"别人早上还在睡懒觉，我已起来到附近画画。"他一边感受着各个国家不同的文化风俗，一边利用碎片化的时间，将内心最直观的感受画进画中。十多年来，这样的速写本已超过百本。

有人说，张安朴的钢笔水彩在中国首屈一指，开创了新的画种，艺术成就斐然。"这是夸张的说法。"他说，钢笔水彩速写很古老，很多画家用钢笔水彩为画作画草稿。不同的是，自己的画作相对更完整，同时因为坚持用碳素墨水，画上的颜色也更不易化开而已。

仔细品赏张安朴的作品，其构图主题周边的留白和虚化，独具韵味和魅力。此外，看似寥寥数笔的画面，也能将任何捕捉的对象做准确反映。如几株花草，几棵大树，几间瓦房，几幢高楼天际线——特别是江南风情、上海风景、故乡嘉定，更是烂熟于胸，都能"一桥一亭全写真""一枝一叶总关情"，让人看了感到真实而亲切。在上海炎黄书画院主办的"绿色申城——上海城市公园绿地撷萃"作品展中，张安朴创作的一套六幅钢笔水彩《豫园组画》正是其最好的佐证。

（原载上海炎黄文化研究会《炎黄子孙》2019年第3期）

勤奋的艺术耕耘者
——油画家陆廷印象

陈之翔

> 陆廷，1956年生于上海，上海市美术家协会会员，上海炎黄书画院执行院长。

　　初次认识陆廷——其实也说不上是"认识"，那次只是打了个照面，用"初次相见"更为确切——是在2015年春节前夕。那年，应学长陈谷长之邀，到位于徐家汇的天平宾馆参加上海炎黄书画院的新春联谊会。在会场里谷长兄向我介绍了书画院的执行院长陆廷，彼时只见他忙前忙后忙得不可开交，于是匆匆地握了一下手。

　　2016年春节即将来临之际又接到谷长兄来电，通知我出席上海炎黄书画院又一年的新春聚会。我很纳闷，我跟炎黄书画院似乎没有什么大的关系，凭啥一次次地去"吃白食"，便婉言谢绝。这下轮到谷长纳闷了，他说："你不是我们炎黄书画院聘请的顾问吗？""我没有收到过聘书啊！"于是，在这次聚会上，给我补发了一张上海炎黄书画院的顾问聘书。

　　我这个人不习惯无功受禄，心想当了顾问总得"顾问"些什么啊！于是"鲜格格"地给陆廷发了条短信，意思是"书画院如有什么工作需要，吾当尽力而为之"。就这样，我稀里糊涂地从"后台"跳到了"前台"。书画院没有自己的办公室，要开会便到陆廷的工作室，于是我成了那里的常客。

乡野河畔（油画）

对于陆廷的工作室和绘画作品的印象，我引用上海炎黄文化研究会原副会长丁锡满先生2005年为《陆廷油画集》所作序言中的两段话：

"长宁路上陆廷先生的画室，建筑材料似乎不是砖头和木材，而是由磁铁构成。自从认识陆廷之后，我隔三岔五会被那强大的磁力吸引，前去欣赏那挂满墙、靠满壁的油画。

"他善画静物。那一盆一盆、一篮一篮的巨峰葡萄，深深浅浅、紫紫红红，实在诱人。葡萄上那细细的粉霜，就像深秋的早晨刚刚摘下来似的，让人明知是画，也禁不住伸手触摸。水蜜桃也如此，毛茸茸的，熟透了，恨不得取而啖之。一般人画静物多以果蔬、花卉、器皿为题材，陆廷却别出心裁地去画宋版古书，画文房四宝。那书有点黄了，纸有点脆了，书上的宋体字就像木版印刷。他画的书斋，墙上挂着张大千的画。陆廷是油画，张大千是国画，画中之画一中一西，却惟妙惟肖。"

行文至此，我想到了几年前我曾在苏州美术馆参观过的一个画展，是著名油画家陈丹青的"个展"，里面挂了许多静物画，主要题材是线装书、字帖和画册，画展的序言中说，这似乎是画家陈丹青的"创造"。但从丁锡满的文章中可以看到，其实陆廷早在20多年前就创作过此类题材的油画作品，由此可见陆廷的题材开发能力和油画的写实功夫。

英雄所见略同。

上海市原南市区委书记、曾任上海市文联党组书记的李伦新同志，在题为《生命灵动之美》的文章中，对陆廷的油画作品也有如此评价：

"记得初看陆廷的画，最抢眼的是那一幅葡萄，就像是刚摘下来的，新鲜得令人垂涎，恨不得取一颗送进口中，尝尝它那甜甜的酸酸的味道。我凝视良久，这葡萄画得粒粒饱满，色泽滋润，光亮有致，不禁惊叹：啊，真像，像极了！

"在和陆廷的交往中，我渐渐发现他画的静物和风景，不仅只是画得非常像，极其真实，而且相当生动，就以那幅《故乡桥》来说，那画面上的水仿佛在流，河中的船在行，岸边的树在摇，整个画面充满了生机和活力，就连那陈旧古朴的砖墙瓦屋，也使人产生无限的遐想……

"在他笔下画就的景物，无论是一筐橘子、一把茶壶，或是一束鲜花、一本古书，都不仅仅是客观存在的真实写照，而且是画家主观意象的烛照，有丰富的艺术内涵。陆廷的油画中，倾注了他对生命的热情，赋予了生命的灵动，是他心灵激情的结晶，所以才使人看了心弦震颤，获得艺术审美的享受。"

与上述两位有相似看法的还有最近刚刚获得欧洲科学、艺术与人文学院院士称号及罗马尼亚"米哈伊·爱明内斯库"金色勋章等殊荣的著名诗人、散文家，上海市作家协会副主席赵丽宏先生。他在《超乎现实的逼真——看陆廷的油画》一文中指出：

"陆廷是一位执着低调的画家，长期以来一直在自己的画室里默默地画油画，用色彩表现他对世界的观察，对生命的思考，以及对绘画艺术的追求。他以扎实的写实功夫，对生活中常见的景物作了精细的描绘刻画，花卉、水果、日用器皿，也有风景和人物。看他的作品，感觉亲切沉静，让人感叹，也引人思索。

"陆廷对葡萄情有独钟，他画各种各样的葡萄，紫葡萄、青葡萄、金黄的葡萄。他笔下的葡萄，比现实中的葡萄大得多，可以看到葡萄表皮上的细微的毫毛和水雾，可以感觉葡萄透明皮下饱满的汁液。画面上这些晶莹剔

乡村小学（油画）

小河（油画）

透的巨大葡萄，是一种超乎现实的具象，它们比现实中的葡萄更新鲜，更艳丽，更夺目。这样的表现手法，其实是一种超现实，这也是这些画面让人吃惊的原因。"

面对外界的赞誉，陆廷对自己保持了极为清醒的认识。

按说画家属于"知识分子"的范畴，可是陆廷却觉得自己连"知道分子"都算不上。他1963年进小学，没读到三年书，"史无前例"的政治运动开始了，他与同时代所有学生一样被剥夺了读书的权利。在大部分学生热衷于"革命"的年月里，陆廷凭着自己对艺术的热爱，拼命地画画，倒也没有辜负美好的青葱岁月。

1969年按部就班进了初中，1973年如期中学"毕业"。机缘巧合，当时出版系统大批知识分子被发配到"五七干校"接受贫下中农"再教育"。为了打破知识分子的所谓"一统天下"，时年17岁的陆廷与全市53名热爱艺术、有一定绘画基础的应届初中毕业生一起，被挑选到出版系统"掺沙子"，担起了改造"臭老九"的重任。满打满算只接受过两年半正规小学教育的陆廷被分配到上海人民美术出版社，担任了年画连环画组的创作员和美术编辑，成了如假包换的"知识分子"。在岗位上，陆廷认真向前辈画家学习，刻苦钻研业务，业余时间抓紧学习油画、学习古典诗词和西方音乐等艺术常识，尽力拓宽自己的知识领域，以后天的努力来弥补自己的不足。

勤奋，使陆廷在油画创作领域有所建树。1991年应邀到新加坡举办了自己第一个油画展，十年后又在德国汉堡再次举办了个人画展，得到了中外观众和社会的一致认可和好评。对此，陆廷坦言："虽然有过公开展示的经验，但每次都诚惶诚恐，在技巧上、意境中，在把握与控制、意识与观念、创作意味与理论的结合上，我力图把所理解的，都在我的画里表达。"

陆廷觉得，自己虽然画的是橘子、葡萄等静物，但是静物也有生命，不能只满足于对事物的客观表现，而应该用画笔描绘出每一事物的生命过程。在画画时，他把描画的对象适当地放大，力图用水果外在的质感表现其内在的生命，通过精细的描绘加深对生命的理解，从而把想表达的思想反映在画面中。正如他自己所言："我画橘子、画外表毛茸茸的桃、画葡萄的紫色，我仔细地描摹外表的自然形态，认真到感觉上逼真。放大的外形，是我对生命颂扬的口号，也是我的思考。"我想，这也许就是他的静物作品能引起观众共鸣的缘由所在。

然而，陆廷不满足于对事物的客观记录，哪怕是画得"惟妙惟肖"，他觉得只有技巧没有观念的作品在时代大潮面前永远是落伍的。他渴望提高，渴望在油画创作中能有自己的造型、自己的色彩、自己的观念、自己的艺术语言。上海美术学院教授、著名油画家姜建忠的作品中所显露的精神气质打动了他。诚如著名艺术评论家毛时安在《独自行走——读姜建忠油画》中所言："姜建忠，是一个极其讲究艺术精神气质的画家。从思想的维度看油画家姜建忠，他的身上有着一以贯之的强烈的文化精英气息。"

打动陆廷的正是姜建忠身上和作品中所散发出来的"强烈的文化精英气息"，而这种气息正是自己这种"圈外人"内心所缺乏、所向往、所追求的。已逾耳顺之年的陆廷决心拜姜建忠为师，实现自己的艺术转型。

"六十岁学吹打"可不是一件容易的事。艺术上的"转型"，意味着要舍弃自己已经熟悉的绘画方式，放弃原来得心应手的造型、色彩手段。陆廷说，以前搞创作要求画面有"故事"，而当代艺术则要求作品能体现艺术家的情绪。绘画技法上的探索层出不穷，能想到的方法几乎都有人在实践，

田野（油画）

用笔画、用刀刮、用手抹、用水化、用嘴吹……不一而足。但是，在绘画的艺术境界上想更上一层楼，则艰难得多。

"绘画是要靠一种文化来滋养的。离开了文化这一片生态，所谓的'才气'迟早会耗尽。"陆廷把姜建忠老师的这段话作为自己的座右铭，在创作中，努力追求作品的文化含义和思想深度，力求在创作中融入更多主观的因素，用绘画语言来表达自己的主观情绪。

如今，我们观看陆廷的新作，可以明显地感觉到他已经从原先的"画啥像啥"中跳了出来，而更多地表达了画家的主观情绪。我们看到，他的有些画作色彩响亮、笔触奔放，似乎呼唤着人们对生命的向往，吸引着观众走进画面，共同享受生命的愉悦；有些画作则色彩沉着、笔触细腻，似乎蕴藏着画家对生活的思考，使观众产生内心的共鸣，感受到由内向外的张力……

六十岁正是画家的"青春期"，在艺术转型的路上，陆廷正在努力地跋涉。

艺术家不必是思想家，但艺术家必须有思想。"六合归静"，这是陆廷极为推崇的一句禅语。油画家陆廷期望通过自己的勤奋耕耘，创作出具有思想深度的艺术作品，给观众送上一份心灵上的宁静与慰藉，为时代留下一份深刻的艺术印记。

（原载上海炎黄文化研究会《炎黄子孙》2019年第4期）

借镜表现主义
与发扬抒情传统

汪涌豪

朱新昌，祖籍浙江镇海，1954年生于上海。中国美术家协会会员，上海美术家协会理事，上海美术家协会连艺会副主任，蒲松龄研究会常务理事，上海中国画院画师，国家一级美术师，上海炎黄书画院院长。

如果将朱新昌在神话题材创作上所取得的成功，与20世纪80年代以来西方文化的传入及西方现代绘画的影响结合起来考察，则可以看到，除了基于自己的艺术理想所做的长期不懈的努力，由西方现代艺术观念与技法冲击所造成的人心思变的画坛大环境，也为他的转型与突破提供了难得的契机。

尽管从未有人否认传统中国画具有无可代替的审美价值，但面对发展变化了的世界，人们对从文字到图像的认知确已发生了很大的改变。如何接续传统的慧命并推陈出新，已不是在一国范围或一种文化语境中就可以解决的问题。也因此，种种新的探索与实验，无论是观念的还是方法的，在进入新千年后很长一段时间，都一直在持续地进行，有时甚至取一种更激进的姿态，延伸到国外，再由国外返回影响到国内。2005年起，国内美术机构连续推出了多个当代水墨大展，并提出了"新水墨"的概念。此后，

山海经·帝江（中国画）

国外如大英博物馆和吉美博物馆、波士顿美术馆也相继推出多个展览。2013年，大都会博物馆更举办了"水墨艺术：中国当代绘画的前世今生"大展。所有这一些，无不凸显了上述探索实验的全球化背景。

依习惯的认知，中西绘画从观念到方法无疑存在着全方位的差别。西画是体面造型，即基于物理事实和光学原理，在三维空间中成像，其中光源色与环境色的表达，赋予了对象强烈的写实特征。中国画是线面造型，通常不追求纵深感与体量感，而重在由扁平求纵深，同时淡化光影，弱化对比，画面的色调与其说依照所表达事物的原色，不如说更基于画家的心理，以及随之产生的功能性联想或象征意义。也就是说，与重视造型的客观真实相比，它更关注的是情感的真实。因此，相对于写实的西画，它一般被纳入表意的范畴，它的抒情性特质也由此从一开始就得以确立。

很长一段时间以来，人们都认同这样的判断。但改革开放以来，随着国门日渐打开，这一切开始有了改变。紧接而来的全球化，更将外光派崛起后各种现代艺术观念带到中国，尤其是以表现主义为代表的20世纪新的艺术观念与方法，那种从具象中解放艺术的主张与实践，极大地刺激了国人的神经，拓展了画家的视野，让他们发现，原来并不仅仅只有中国人重表现，西方再现的版图外，也有一片神奇的抒情天地值得关注。群起仿效之余，他们为自己所进行的各种实验性探索，找到了充足的观念支持。

要说表现主义进入中国已有100多年的历史，早期林风眠、关良、常玉和吴大羽等人都曾受到它的影响。但到20世纪80年代，它不仅表现为空间处理上由重物理表现向重美学表现的转换，更因呼应着社会的巨大变化，而获得了明显的思想解放意味。这一点，只要看看油画界关于打破写实主义局限的讨论，以及21世纪以来"意象油画"的讨论就可以知道。表现主义绘画近于尼采所说的狄俄尼索斯式的艺术，虽非一味的混乱和狂怪，却与代表理性和秩序的阿波罗式艺术不同，它更多借重人的潜意识，更多基于感觉而不根植于理智，表现为色彩的单纯与鲜艳，形式的翻滚与扭曲，还有技巧上的漫不经心。总之，致力于主观感受的宣泄，而无意于客体物理的细究。用"蓝骑士"成员保罗·克利的说法，艺术主要不是再现看到的东西，而是要让人看到美。其实这样的话，前此塞尚和马蒂斯都说过，前者称不要画眼睛看到的世界，而要画心灵感受到的世界；后者称画家不用从事琐碎的单体描写，因为摄影做得更好，也无须叙述历史，因为它可以从书本中读到，绘画更高的要求只在于表现"内心的美好幻象"。表现主义画家对这一点更为强调。为此，他们常突破物理空间的限定，通过对外部世界的扭曲、变形与翻转，来表达对这个日渐异己的陌生世界的理解，寄托自己内心深

西游记·大圣变法（中国画）

印象山海经（中国画）

刻的失落与无助，因此其常有一望而知的强烈的抒情意味。其中"新具象派"的霍克尼更对中国卷轴画用散点透视表情达意有很高的评价。显然，这种重视主体情感表达，认为具象不等同于写实的观念，非常切近中国画的认知，所以为朱新昌的空间处理和整体构图所汲取。

当然，过程中他非常注意分寸的拿捏。一方面，为突破以线造型的平面局限，他不时翻览、揣摩类似《20世纪欧美具象艺术丛书》和克利、霍克尼等人的作品，悉心揣摩表现主义绘画、构成派风格乃至波普艺术，对卢梭、博尚和邦布瓦为代表的"稚拙画派"也下过不少功夫。他尤其认同格林伯格的说法，未来艺术的发展将不断从立体走向平面，"平面性是现代派绘画发展的唯一定向，非他莫属"，故在空间构成和处理上有意打破惯常的透视，用平面化处理制造出独特的视觉效果，从而赋予作品以现代感。当然，这个平面上的一切夸张和变形都须服从作品整体的需要，与作品的内容形式相契合。为此，他放弃此前创作常用的整幅全满的画法，也杜绝任何人为制作的阑入，相反常常做减法，甚至觉得对一个优秀的画家来说，重要的不是表现什么，恰恰是能舍弃什么，又如何舍弃。一张好的画应该是对现实的某种抛弃，正如好的小说"是对现实的部分抛弃"。所以，即使画《聊斋》中那些暂时置身在现实情景中的狐仙，他也不过多展开其所身在的环境，而只让线条承担其中最基本的造型功能。画《山海经》这种异度空间的故事和人物，就更不刻意呈现景深了，甚至有意省略环境，只以妖娆回环的线条，拓出一片莽天厚地，以渲染一种筚路蓝缕的开辟精神。他并认为，线条的功力如何与能否支配画面，端赖画家对形象、结构及形与形之间相互关系的整体把握，端赖画家所具有的将画面上的个体符号纳入画面整体的综合能力。他坚信凭借这种成熟而克制的线条，当然还包括那种"色以融神"的敷彩技术，他是能够赋予作品以强烈的抒情意味的。

另一方面，他又很注意避免那种盲目追随西方，以致放弃想象与现实的链接，整体背离传统画写意特性的做法，认为不论工笔还是写意，具象还是抽象，绘画都具有表现性，甚至从某种意义上说，一切艺术都是表现，都不能脱弃抒情的本质。所以他选择向更稳健、更接近自己气性的画家如谷文达、仇德树、杜大恺等人学习，为其不但笔墨功夫更细腻雅致，而且眼界也不仅止于一花一草的表现，却能在一种传统的抒情格调中，传达出当代人普遍的人性及其生存状态。因此他的书柜里看得到杜大恺等人的画册。杜氏那些直线平涂的房子，既有着强烈的装饰效果，又隐蓄着浪漫抒情的特质，让他爱不释手。更重要的是，本着"以形写神"而不"空其实对"的古训，在营构画面时，他能注意避免平面追求的绝对化。像《聊斋》中的许多故事都有场景和细节交代，于具体情节的推进和人物的塑造间或有关，不是一味平面化就可以对付过去的。于此他颇费心思，譬如画《崂山道士》，不取为人所熟知的穿墙情节，而选取道士剪纸月亮并在月上饮酒这一细节，这样月里对饮的三个和尚与月下一众举头仰望的徒弟的空间关系既交代得很清楚，整幅作品的形式感与由此带来的抒情性也得到了大大的加强。

童趣（中国画）

  至于塑造人物，尽管《山海经》《聊斋志异》多空空精精、怪禽异兽，他在刻画与状写时仍能注意抽象表达的合理有节，甚至为照顾人们的欣赏习惯，对其中一些妖魔精怪做了适当改写，总是不让自己的探索实验成为人理解的障碍。为了更有效地做好这一点，他在从造型上拉开与传统画法的距离同时，有意识地引入帛画、岩画、年画、剪纸和皮影等民间元素。像年画中的岁朝图与戏婴图，神仙道化、历史故事与戏剧人物，大都线条简洁，色彩亮丽，虽造型夸张，而又不失分寸，稚拙可喜，给他很大的启迪。当然，这里同样有一个度，有鉴于民俗的元素，用多了易使人厌，他又从类似俄罗斯当代现实主义大师萨弗库耶夫等人的画册中汲取营养。萨氏那种既保持对象的体量感，又能通过平行、垂直和旋转的几何构图凸显对象，那种对密致空间的主观营造，对画面层叠感的着意铺陈，以及对色彩的抽象提取和凝练，都被他化用到上古神话和人鬼故事中。与之相对应，在用色上又能不刻意打破传统的色域渐变规律，不一味追求原色的单纯与鲜丽，色彩有叠合而无冲撞，有对比而不显突兀，通体洋溢着省净含蓄的韵味。正是这种省净含蓄，赋予其所作以浓郁的抒情意味。

（原载上海炎黄文化研究会《炎黄子孙》2020年第3期）

锦绣画侣

胡展奋

王守中，浙江奉化人，1949年生于上海。上海工艺美术学院副教授，上海市美术家协会会员，上海文史研究馆书画研究员，上海炎黄书画院顾问。

胡震国，江苏苏州人，1949年生于上海。上海工艺美术学院副教授，上海市美术家协会会员，上海大学美术学院水墨缘工作室画家，上海炎黄文化研究会会员，上海炎黄书画院院务委员。

2019年3月，在"敬华艺术空间"举办的"水墨和韵——王守中胡震国画展"格外引人注目，因为参展的是一对在上海画坛久享盛名的"丹青夫妇"王守中与胡震国。

"俊逸华滋"乃大成

因艺结缘、"夫唱妇随"的，自古都是佳话且为人所艳羡，远的有元代书画大家赵孟頫和管道昇，而现代的夫妻画家就更多了。这些神仙眷侣因笔墨丹青而走到一起，爱情故事连同艺术家本人的作品一起，一向被追随者津津乐道。

事实上，早在50年前，王守中与胡震国就是上海工艺美校的同班同学，一路走来相携于艺术的繁花小径，真可谓"如歌的行板"。

王守中出身于丹青世家，父亲王康乐为黄宾虹和张大千的弟子，山水积墨晕彩的造诣之高乃公认的沪上大家。她的山水烟云之梦从幼年便已开启，是在父亲的指点下，临摹了历代山水画家作品。父亲说"第一口奶要吃好"！在严父的监督下，她反复临习元代王蒙、明代沈周和清代龚贤、石谿那一路繁密而厚实的山水。学画的都知道，初入门，轻灵易而厚实难。好比十八般兵器，父亲开头就授予她"重兵器"。那胼手胝足、日月精深的功夫砥砺，即令现今成名心切的画家都视为畏途，当年尚处稚龄的王守中却无畏地一头扎了进去。这不仅锤炼了她笔底的神韵，也使她对传统山水图式的章法了然于胸。

在大量临摹董源、巨然、王蒙、石涛等历代大师的作品后，她与一般临摹者的不同就在于默默地注视着古今大师的足迹，又悄悄地改变着自己，细细体悟着古人景外有景、景外有意的布局谋略，以及意到笔到、笔断意连的笔墨趣味。

"山水画发展到今天，开始了自己新的征途。继承—发展—创新，是画家孜孜以求、不尽探索的课题。"她常常如是说，并要求自己的画不但"形神兼备"，还要注重自我情感的表达，立足情感意象的艺术创造。那些崇山峻岭、千山万壑，时而"龙脊般高耸蜿蜒"（高远），时而"牧歌般舒缓流转"（平远），时而"天庭般凌空俯瞰"（深远）……在她工写结合、豪迈而不乏柔情的意象里，《春色满幽山》可谓其代表作。

春山图（中国画） 王守中

新绿（中国画） 王守中　　　　　群山（中国画）　王守中

山峦层叠不见顶，泉水远近轰鸣下，一旦与向上奔涌的飞云对冲，则立即形成壁立逆激的动态，加以黑与绿为基调，旋作大面积泼墨泼彩，一幅"云间响清泉，天心安可扪"的大山水便跃然纸上。

然而，最令人震撼的还是她富丽堂皇、人称"碧海金沙"的金笺山水画。都说"逼视良久，目眩神迷"，笔者多次邀友欣赏，果然有"沉溺其中，流连忘返"的感觉。

金笺画兴始于唐朝，金碧辉煌的视觉效果使佛像、花鸟题材的金笺画，与绢画一样在宫廷中受到追捧。它是传统绘画的一种特有的形式，以其金碧辉煌、瑰丽富贵的形象，为人们喜闻乐见。

宣纸的发明和普及，以及后来文人画的兴起，使费时费力的金笺画逐渐式微。事实上它的制作颇有难度，一般只能工笔，无法写意。王守中对我说："金笺不吸水这就对用笔造成极大的困扰，无论'皴'还是'晕'，它'油盐不进'，你拿它怎么办？"

幸好，王守中年轻时对西洋画中的"水彩画"和"水粉画"都下过功夫，两者的手法对金笺画都有借鉴处，加上其父王康乐也是金笺画的高手，家传技艺融合自身修为，她便像她父亲一样，"胆敢"对金笺山水画也泼墨泼彩，见笔见墨，工写兼施，强化笔墨在金笺上的"自由呼吸"，以至于近年来她的金笺山水画频频亮相于艺术博览会和各种画展，广受市场青睐。

"画山水，须胸中先有山水。"自清末民初以来，海派画坛不乏卓越的女性艺术家。女性画家通常在绘画色彩、构图形式等方面较为敏感。作品比较注重趣味性、闲适性，多以花鸟为主，技法上显得细腻，注重细节刻画，表现手法上以工笔或小写意为多。而王守中在女性画家中无疑是个"另类"。她以摹古而创新的山水开创了一番新气象，其山水画被誉为"新海派山水艺术风貌之典型"。其独步沪上的金笺山水画以气势磅礴、粗犷浑厚的大山大水为主，构图不求奇险，而是取南方山水的平缓稳重，端庄隽秀，笔墨洒脱，色墨交融，可谓"墨色生辉开胜境，金碧交映见功高"。近现代名家费新我曾以"峻逸华滋"评价王守中的山水画，这是对王氏山水艺术成就的充分肯定和高度赞许。

吴中才子胡震国

早年的胡震国曾深受俄罗斯和苏联现实主义绘画风格熏陶，再融入各方流派，自成一格。造型扎实，色彩严谨蕴藉，构图平稳丰满，讲究景物的刻画，用笔细腻。美术评论家卢金德先生对他的评价是："胡震国的油画色调就是法国印象派色彩与中国江南湖光深情的融合。"作品多次入选全国美展，出版发表连环画、年画、水彩画及论文数十篇，应邀为沪上机构创作大型壁画数幅。近年来的绘画主题转向蜚声海内外的江南庭院，如同某次画展展

泊（油画） 胡震国

公园（油画） 胡震国

出的"江南水乡及庭院"——正如画家张培础所言，胡震国那种水墨风景兼具西洋田野画所散发出的情调，总是如歌唱般的真情灿烂！

他的过人之处是把每次写生的印记烙进脑海，任其发酵，然后慢慢回吐，最后凭记忆在更高的移情层面创作。比如其近年来表现手法独创一路的江南园林与江南水乡，特别令人着迷。淡雅清远的基调和含蓄蕴藉的意象，令评论界每每赞许他的"书卷气、才子气"。先看他的"水乡"：水，总是微寒的；船，总是旧旧的；石阶，总有缺损，水桥总被雾岚裹挟；而水边的老屋也往往气韵迷离，况味隽永，画面总带着淡淡的惆怅和浓浓的乡愁。看着他的画，稍久就会出神，南方人会被勾回画中，北方人会神往画中，这么迷人的地方，不是一直在我们心中吗……

这符合胡震国的记忆，并和其苏州祖籍，尤其和他的童年有着千丝万缕的关联。再从建筑审美看，也符合他近年来一直追求的"南画"意境：空旷而安详的庭院，落叶满地；幽深而孤寂的小巷，婷婷袅袅的一把小花伞；静谧的湿漉漉的拱桥，古树下的一叶老旧的扁舟；河边人家顺阶而下的河畔，躺着一弯冷月与星星点点的浮萍……

他的江南庭院正是这样的。苏式的，徽式的。凉亭之下有残秋的芭蕉，芭蕉之侧有枯冷的菡萏。当然，也有歌唱般的江南庭院。太湖石反射出金色的阳光，喧闹的春天百花争艳而伊人不见，辉煌的秋天银杏灿烂而满地金辉。水榭、长廊、曲池、楼台，看似无人，其实处处有人。胡震国对江南的那一分向往、惆怅、眷恋、怀念、赞美乃至歌唱，自始至终渗透在每一处的栏杆、飞檐、拱斗、石牌、藻井乃至角门、月门……

我曾问他，为什么喜欢画庭院，而且是各种风格的江南庭院？

他说，是一分存念，也是一个象征，更是一个载体，江南文化的载体。看似空旷迷离，其实把所有的想象空间都留给了你，留给了每一位观众和读者。让所有的人都可以神往。

那么，在作品中，追求的最高境界是什么呢？我问。

没有终极答案，可能是种种带情操又带哲学直觉的画面与意象吧。就韵味来说，大致是含蓄、丰润、悠远、俊朗……

我还做不到，他说。但那是境界，画家心中应该有的境界。

（原载上海炎黄文化研究会《炎黄子孙》2021年第3期）

写生，
留下自然的生活

黄阿忠

> 黄阿忠，1952年生于上海，毕业于上海戏剧学院。现为上海大学上海美术学院教授、博士生导师，中国美术家协会会员，上海美术家协会常务理事，上海作家协会会员，上海市长宁区美术家协会主席，上海市文史研究馆馆员，上海炎黄书画院顾问。

绘画艺术离不开写生，无论中国画、油画、版画、雕塑等都不例外。如果再宽泛一点说，除了按词面的一般理解，到自然中把眼前的东西写生描摹下来外，写生还有很多意义。写生还是一个大概念，那就是生活。尽管在学术界还有争议，但是我认为艺术起源于生活。在仰韶文化的陶罐上，在贺兰山岩上，在洞穴之中的石壁上，那些手拉手舞蹈的造型、近乎抽象的图式符号、斑驳肌理里隐现的故事回忆，仿佛都和生活有关，倘若没有围着篝火庆贺狩猎成功的载歌载舞，没有为了生存的播种、捕鱼等，那些概括、简约的线条表达从何而来，更何况故事的叙述。

明白了艺术和生活的种种关系，艺术家亲临生活的重要性，到自然中写生的意义便不言而喻。

写生的种类很多，油画、国画、水粉、水墨、水彩、钢笔等各个画种，

桥（固体油画）

只要是得心应手，写生的形式、风格各异，线条、色块、点染、缜密、简约等，都可随意选择。在众多的画种中，以"水"作为媒介的水墨、水粉、水彩特别适应写生，因为它轻快、轻松，画具配备简单，画材需求量不大，此外可以记录线条、色彩、色调和它们之间的关系，直接而简便。

不管用什么画种，驾驭什么形式、风格，写生必须到生活中去，到生活中捕捉风、情、景、气息、意味。同样是山水、建筑、树木，广西三江程阳和江西婺源五龙不同。程阳八寨山土呈红，溪流迥迂，桐寨留存古意，民风淳朴。江湾庆源的山高谷幽，流水丰盈，古木参天，黛瓦蕉荫、马头高墙，雕栏画栋，雅气乎，朴然乎。又或欧洲各地，各个城市都有各自的特点、风格、风气。意大利西西里岛吹过地中海的浪漫，沐浴纯情的阳光，庞贝古城遗址的悠远绵长和历史的哲思，法国巴黎飘来的时尚、雅致的色彩，塞纳河流经的花园小镇吉维尼，

老街（固体油画）

房舍（固体油画）

瓦兹河畔奥维尔，莫奈的睡莲和凡谷的教堂、麦地，都是我们走过的生活、写生的对象。我们应该去表现它们的气息、意味、特色，不管用什么方式。或涂擦、勾染，或空灵、高古，或繁复、简约，无所不可。但是这一切，都是因为你走进的生活所致，换句话说，你若去意大利、法国，或去程阳、庆源，这是生活，必须用心去领会其中的情感、气息，然后拿起画笔，描绘出属于你自己的一片风景。

（原载上海炎黄文化研究会《炎黄子孙》2022年第4期）

都市丽人视角下的
城市风景

之翔

  石滢，20世纪70年代出生于上海，毕业于华东师范大学艺术教育系油画专业。现为上海市美术家协会会员、上海炎黄文化研究会会员、上海市长宁区美术家协会副主席、上海炎黄书画院书画艺术家。

  在繁忙喧嚣的绘画世界里，她如同一道独特的风景线屹立在画家群体中。青少年时期的她，拥有令许多同龄女孩羡慕的修长身姿，犹如一位身材高挑的时装模特儿。她就是上海炎黄书画院的书画艺术家石滢。

  具有时装模特儿身材的石滢，本来可以在T台上展示女性的美丽和魅力，但她却选择了绘画这条艺术之路，沉溺于用画笔和油彩来表现上海这座国际化大都市美轮美奂的城市风景。

  石滢对绘画和魔都上海的热爱和执着，源自于她的家庭和她的成长经历。

根脉

  石滢出身于艺术世家。父亲是20世纪60年代入学上海戏剧学院舞台美术系的大学生，毕业时正逢"文化大革命"，早在70年代初就被分配到西藏自治区话剧团工作，与著名藏族歌唱家才旦卓玛共事。母亲早年毕业于具有"小资"传统的上海市第三女子中学，也一度任职于西藏话剧团，调回上海后又长期从事文博工作，曾任《布尔什维克》编辑部旧址纪念馆馆长。石滢幼时跟随父母在拉萨生活了好几年，目睹父亲所从事的舞台美术工作，对舞台布景和绘画产生了强烈的兴趣。

家庭浓厚的文化氛围和幼年时在父亲身边耳闻目睹的生活经历，使"美"的种子根植于石滢幼小的心灵，并伴随着她一路成长。用石滢自己的话来说，多年来画画的爱好几乎化成了她的"本能"，她不断地试图用自己的画笔来描画魔都上海的城市记忆。

隐藏在石滢心灵深处的"上海情结"还来自她口中的"好婆"和"阿爹"。"好婆""阿爹"其实是石滢阿姨的公公婆婆，与石滢本无太大干系，但由于石滢父母亲与他们过从甚密，耳濡目染之下对少时的石滢影响颇深。"好婆""阿爹"出身大户人家，后又弃商从医。虽然身价不菲，却又乐于助人。由于是长期生活在上海"上只角"的中产阶层，因此在他们身上有着一种深入骨髓的老上海的生活方式，就像风行一时的沪语电影《爱情神话》里的老皮匠，虽然已经身处社会底层，沦落在弄堂口摆摊修鞋，但每天下午仍要买上一杯咖啡作"茶歇"。对老皮匠来说，这种"腔调"不是"拗造型"，更不是"附庸风雅"，而是自己前半段人生"习惯成自然"的生活方式的流露。同样，作为"老上海"的"好婆""阿爹"，尽管已经富贵不再，然而生活再坎坷，他们依然心情平和，从不言说过往。在石滢的记忆中，已经进入垂暮之年的"好婆""阿爹"，每天依然会泡上一杯咖啡，在爵士乐的音乐声中度过一段悠闲的下午时光。这种上海"老克勒"安贫乐道、坦然面对生活的精神气质，在石滢心中留下了难以磨灭的深刻印记，也成为萦绕在她心灵深处的一道"城市风景"。

由于石滢在中学求学时所显露出来的绘画才能，她高中毕业后就进入长宁区教育学院学习美术，修业两年期满毕业后，又考取了华东师范大学艺术教育系首届"专升本"油画专业，与后来名重一时的水彩画家平龙、柳毅等成了同班同学。在两个学校整整五年的学习生涯，特别是在华东师大油画专业的三年深造，为石滢后来的油画创作奠定了坚实的专业基础。

跨界

在华东师大求学期间,石滢得天独厚的高挑身材引起了学校学生会的注意,她被吸收参加了学校的时装表演队,在主修油画专业的同时,利用业余时间边走秀边参与服装设计。

作为一个油画专业的学生,平时对西方艺术关注比较多,从文艺复兴时期的"画坛三杰"达·芬奇、拉斐尔、米开朗琪罗,到被誉为"光影大师"的欧洲巴洛克绘画艺术代表性画家伦勃朗;从印象派艺术大师马奈、莫奈、雷诺阿,到法国纳比派画家爱德华·维亚尔、皮埃尔·博纳尔、莫尼斯·德尼、保罗·塞律西埃,乃至19世纪末著名的法国后印象派画家劳特累克、奥地利分离派画家克里姆特,以及各种令人眼花缭乱的现当代艺术,无一不在石滢的视线之中。而走秀和为走秀而进行的服装设计,却使石滢走进了不同于西方绘画艺术的另一个天地。时装走秀,肯定绕不开上海女性的标志性服装——旗袍。这一承载了20世纪三四十年代历史,融合中西文化,并能衬托女性极致美的服饰,令人想起电影《一江春水向东流》中的老一辈电影表演艺术家白杨和电影《花样年华》里的香港影星张曼玉,她们的旗袍变化极为直观地诠释了从"土旗袍"到"洋旗袍"的演变过程。在服装设计的面料选择中,石滢又接触到了刺绣、剪纸、染织等中国的传统民间艺术,为她打开了艺术创作的另一扇大门。石滢的马克笔时装设计图,还曾被指定为设计科目的"高考范本"。

石滢喜欢这种"跨界"的感觉。她深切体会到,在"走秀"和时装设计中,设计师、造型师、摄影师与绘画创作之间碰撞出的"火花",使自己的绘画理念有了一种新的升华,她试图用表现力更厚重的油画,来抒发内心深处的"上海情结",表现自己心目中的上海城市风景。

融合

石滢把自己在走秀和服装设计中取得的另类经验,融合到油画创作中,化成了魔都上海百年来不同历史阶段的城市风情,以都市女性的视角来解读大都会上海的历史沉淀。

作为世界一流的国际大都市上海,这座城市犹如一幅流动的画卷,每一个角落，每一扇窗口，每一道阳光都充满了生活的色彩。

晨曦中的魔都，阳光洒落在鳞次栉比的建筑上，反射出金黄色的光芒。街头巷尾，从咖啡馆中溢出的香味与街边早餐摊的葱油饼香相互交织，唤醒了上海这座城市的活力。繁华的南京路，车水马龙、人流如织，仿佛一条璀璨的丝带环绕在城市的腰间。

石滢创作的油画作品《江西中路200号》就取材于毗邻南京路的金城银行旧址，这座建于100年前的银行大楼，"名曰金城，盖取金城汤池永久坚固之意"，现已成为交通银行的总部大楼。在石滢的画作中，从窗外射入的阳光，使银行大厅的立柱、吊灯和沙发的皮靠背，镀上了一层金色的光影，一位女士优雅地端坐在皮质沙发上。画面色彩典雅，用笔简练，寥寥数笔勾画出一位都市女性窈窕的身姿，仿佛置身于大半个世纪以前的"金城银行"。在画面温馨、富有情调的油画《晨曦·和平饭店》中，一位城市佳丽伫立在蜡地钢窗前，从窗外射来的一束晨光，朦胧了她背影的轮廓，身上的旗袍虽然色彩淡雅，但概括的用笔仍依稀使人感觉到隐藏在旗袍下的性感。茶几和台灯灯座上笔触简约的一抹轮廓光，则完美地呈现了物体的质感。

然而，上海不仅仅是一个钢筋混凝土的丛林，她还有着丰富的历史和文化底蕴。充满故事的老洋房、老建筑和市民的日常生活，以及富有上海特色的石库门街区，都成为石滢画笔下的城市风景。

油画《归》定格了一位都市丽人推门回家的瞬间。在石滢的笔下，女性婀娜的身姿被刻画得淋漓尽致，铁质绕花的栅栏门、精致考究的木门、洋房周围的绿色庭院，处处洋溢着自然和人文的韵味，让人仿佛置身于充满历史气息和文化底蕴的久远年代中。

油画《岸边咖啡馆》则以富有现代感的笔调，让现代都市女性"沉浸"在大面积的朦胧色彩中，咖啡馆小圆台和座椅的勾画则逸笔草草，意到而笔不到的处理方式，产生了一种特别的韵味。

色粉画《半个世纪的舞蹈》令人联想起法国画家劳特雷克笔下的"红磨坊"。这种在大上海随处可见的市民生活场景，在画家的笔下展现得栩

晨曦·和平饭店（油画） 　　　　　　　　归（油画）

栩如生。目睹身穿白衬衫、背带裤，头戴铜盆帽的"老克勒"，与身着旗袍的女士配合默契翩翩起舞，观者耳边仿佛响起了富有节奏感的"跷脚伦巴"的乐曲。

而那些富有年代感的石库门和上海尽人皆知的标志性大楼，则被画家糅入了厚重的历史记忆。

油画《红色记忆》中的石库门里弄，画的是当时法租界霞飞路渔阳里，这里是1920年上海共产党发起组创办的中国第一所培养革命干部的学校——外国语学社的旧址，也是中国社会主义青年团第一个早期组织的所在地。画家巧妙地让一位身穿旗袍的女性，行走在这条普通的石库门弄堂里，顿时把时间推移到百年前的老上海，再加上以"红色记忆"点明作品的主题，马上引领观众进入了画家预设的特定场景。

油画《解放大上海》画面上出现的是四川路桥和邮电大楼。隐藏在苏州河河堤边荷枪实弹的解放军战士、对岸大楼前弥漫的硝烟、堆放在四川路桥畔的沙包工事和大楼门洞里冒出的一团团红色火焰，令人回想起1949年5月25日人民解放军浴血奋战、解放大上海难忘的战斗历程。

在石滢的作品中，女性常常是大都市的主角。她以女性的视角，用画作讲述自己的故事，描绘自己的生活和情感，展现女性的坚韧和力量。

驰（色粉画）

色粉画《驰》呈现了一位女骑手骑马冲刺的一刹那。骑手略为抬离马鞍的身姿和向前俯冲的动作，展现了女性的飒爽英姿。黑色的骑手帽、红色的上衣、白色的马裤、银灰色的马匹以及背景色彩从红色到金色的过渡，展现出风驰电掣的热烈氛围。油画《肖像》和固体油画《自画像》更是刻画出了女性的自信和优雅。至于石滢的近作水彩画《闻香》系列，则"以花喻人"，画出了城市丽人的花样年华。

我们期待有更多这样的作品，让我们能一起感受都市女性的美丽和魅力。愿每一位女性都能在上海这座活力四射的城市中找到属于自己的风景，活出自己的精彩！

（原载上海炎黄文化研究会《炎黄子孙》2024年第1期）

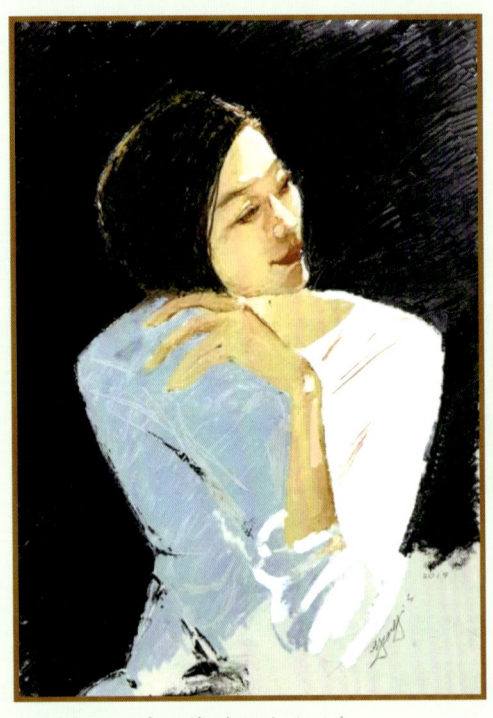

自画像（固体油画）

徽情徽梦画徽州

许根荣

> 许根荣，1944年生于上海，上海闻道书画院院长、上海炎黄书画院书画艺术家。曾在《解放日报》《文汇报》《新民晚报》等主流媒体从事美编和记者工作。20世纪70年代初知名于上海画坛。作品曾入选全国及上海市美术大展，深获好评。

记得20世纪70年代末，我与家弟驱车赶赴古徽州地界订制大型木雕艺术品，供五星级宾馆装修用。车行一路途经绩溪、歙县、屯溪，看到乡镇民居都是黛瓦马头墙，顿时被徽州的山山水水及古建筑所陶醉。我们先到古徽州府所在地歙县，一眼看到一座高大的古城墙。一进城门，即被当街而立的许国大石坊所震撼。这是座八脚牌坊，规格之高，全国唯一。这是座了不起的石雕建筑，宝贵的文化遗存。

我们办好了木雕事，也打听到了几个极富特色的古村落，如西递、南屏、宏村等，可供我与家弟去收集创作素材。我弟是摄影家，至今已拍摄了世界各国800多位总统和领导人，而我是报社记者、美术编辑。

车到西递，就见一座大牌坊耸立在村口，巍峨壮观。据说原有数座牌坊排到村口，"大跃进"时毁了烧石灰用，只留下这一座当"反面教材"而逃过一劫。

倩影（中国画）　　　　　　　又到玉兰绽放时（中国画）

　　我们一进村口月亮门，即有时光倒转恍如隔世之感，仿佛换一袭衣衫便可穿越到明清时代。

　　徽州是程朱桑梓之邦，儒学渊源所在。其地保留有大量明清古建筑，有"三绝""三雕"之谓。"三绝"为古宗祠、古牌坊、古民居；"三雕"是石雕、木雕、砖雕。甫入古村，有如进入世外桃源，家家文墨、户户厅堂。但见青黛瓦、马头墙、覆盆础、砖门楼、镂花窗、高天井、深明堂等。

　　我犹喜古建之"三雕"艺术，无村不在，无屋不具，堪称建筑雕刻史之奇迹，其中蕴含丰富的历史文化故事。我反复观赏并陶醉其中，陶醉之下就有了强烈的表现欲望，如何将其融入自己的绘画之中！虽然几乎年年都再入古徽州的一府六县地界，但都迟迟未能下笔，究其原因是我不满足于仅仅画些带有徽建表象的风景画，而是想努力深入徽州的人文精神、历史文化、乡土风情、生活气息中去。另又碍于古建最具特色的"三雕"艺术如何表现较费思量，画得写意粗糙则易浅显，画得工整细致又显刻意，限于本人绘画水平，故一直在不断寻思。

我非皖人，却有了徽州情结，数年来几乎走遍了徽州稍有点名气的古村落，有的地方已去过了10多次，连村子里的人见了我都奇怪，"你怎么又来了？"古徽州是特别有文化的地方，有联曰："教子孙正路惟读惟耕，继先祖真传克勤克俭"。耕读持家是徽州人立足之本，徽商徽文化及文房四宝影响全国。我在反复思考酝酿的基础上，终于找到了一个创作机会，构思绘制了一组《徽情》系列作品，画题有《倩影》《门第》《闺阁》《笼鸟》《寒窗》《轩廊》《清音》《古渡》《鸳鸯》《课读》《金秋》《佳节》等。虽然画得不尽如人意，但总尽了一份心意。

徽州的世界太过精彩，诱惑勾魂摄魄。山光水色中的徽派民居，天井、槛窗、门庭。那门楼上的砖雕石雕，那窗楣、栏板、梁柱、雀替上的木雕，那堂、馆、楼、室、斋、厅的木结构，那高低起伏、错落有致的灰屋面与白墙体，衬以绿竹芭蕉或各色树木，一幅素净明媚柔和幽静的画面立展眼前。

我看到古村古宅厅堂条案上多置花瓶与屏镜，谓之"东平西静"，寓意阖家生活平安静好。加之我在沪上新建的瓷窑画过几次瓷瓶，就想着如何画纸上瓶花。这是个各画种都屡画不鲜的题材，怎样才能画出新意？于是在不断的摸索中创作了《平安》系列画幅。

文汇报社老同事、著名老记者郑重看了加以肯定，说是"对晚清以来的博古画的突破。晚清时金石学的兴起，画家以画博古为时尚，那时的博古画多画博古架、青铜器，有的以青铜器、石刻的拓片直接入画，画面是静止的。而根荣的瓶画，瑞兽龙凤、山云泉石、杂花异草、亭台水榭、皮影歌舞，营造了气象万千的瓶中天地，展现了画家的多才多艺，是当今画坛的一个新品种"。

《新民晚报》记者、画家戴逸如也云："根荣平易，一如其画。他画青苔古木，他画苍云秋水，他画红叶山斋，他画人物禽兽……他能画且善画，万物落其笔下，便有自家面目，此得益于腹中秀慧，脑中隽思。忽一日，根荣醉心于瓷瓶了，喜滋滋展示新作：天地立花瓶，瓶中涵天地。彩凤其鸣，瑞麟其舞，水丰水盈祥云袅袅，花叶多含笑，锦雉著牡丹……乃有总题：平安系列。"

郑重先生与逸如老友所言是鼓励我的，我画得还不够好！

我的徽画及瓶画，都得益于生活与传统，得益于几十年来常来常往于古徽地界乡镇。我曾戏言，多年来在绘画创作过程中走的是"民族、民俗、民间"的道路，即追求民族的传统与传承，民俗的题材与素材，民间的风情与风味。徽州文化艺术丰富多彩，是一座宝库，我的画作，是大大的借了徽州老祖宗智慧的光！

徽州，不仅是徽州人的徽州；徽文化，也不仅是徽州人的文化，与古建艺术都是中华民族文化艺术的组成部分。又诚如鲁迅先生称之为"劳动者的艺术"。这也是我的徽州情结之所在。

（原载上海炎黄文化研究会《炎黄子孙》2024年第2期）

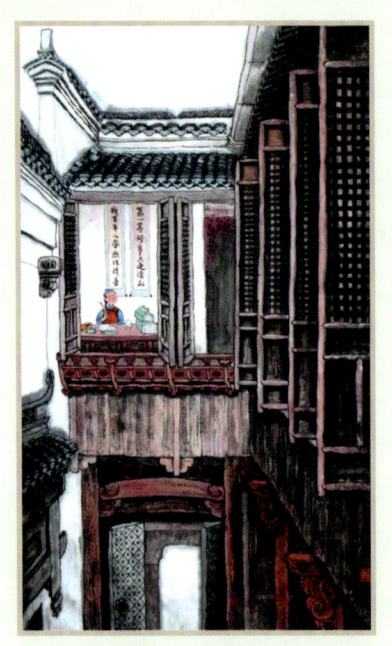

寒窗（中国画）

平安和美图（中国画）

"油性"很足的水彩画家

宗荷

> 奚赛联，1959年生于上海。中国美术家协会会员、上海市美术家协会水彩粉画艺术委员会委员、上海视觉艺术学院兼职教授、全华水彩艺术馆学术委员会委员、上海炎黄书画院副院长。

案头放着一本由中国美术家协会、中国美术分类全集总编辑出版委员会和辽宁美术出版社联合出版的《奚赛联水彩画粉画作品优选》，刚翻了个大概，就被它优美、水灵的画作所吸引了。仔细浏览了奚赛联的画册后，更觉得魅力无穷。水彩画、粉画讲究一个"水"字，谁把握得好，画就"活"了。奚赛联的画就好在画得很"活"，水彩韵味足，既融入了抽象装饰手法，又较好地发挥了水彩画、粉画的特性，值得细细品味。他的作品看似淡远，其实用色丰富，对于颜色和水的调和恰到好处、浓淡相宜。纯熟的技法将水彩的韵味和灵动表现得淋漓尽致，使他的作品既朦胧又真实，如在水中，似在梦里，那淡雅悠远的感觉，像一缕缕沉香触碰着观者的心弦，用心体味似有一种繁华散尽的静谧和回归。

奚赛联出生于1959年，自幼喜爱绘画的他，从小学到中学，跟所有喜爱画画的青少年一样，都曾是学校里出黑板报、墙报的"高手"。除此之外，他还攒钱买了石膏像，利用一切机会学画素描。在他的心里，只要能够画画，做什么事都很开心。特别是进入上海轻工业高等专科学校（即现上海应用技术大学）就读后，更是如鱼得水，受到了系统的专业训练，累积了深厚的绘画功底，为自己今后的发展打下了坚实的基础。

里斯本街景（固体油画）

从 1984 年开始，奚赛联开始沉下心来画水彩画，并被水彩的魅力深深吸引。经过三年的潜心努力，1987 年 6 月，他的作品《秋日的情话》就入选了"'87 上海国际艺术节美术作品展"，他用小泼墨写意的手法，在画面上传递出春天独有的情怀和韵味，展现了水彩的流动氤氲之境，在水彩画创作中初露头角。自此之后，奚赛联像着了魔一样深深地爱上了水彩创作。两年后，他的作品《拂晓的清风》入选了"第七届全国美术作品展"。在这幅作品中，他用细微敏锐的笔触，捕捉到窗前的芦花随风旖旎的姿态，纯熟地运用湿画法一气呵成，突出画面的流动感和意境美。在以后的几年里，体现着奚赛联写意、质朴并带有思考和创新特质的作品，如《枕水人家》《冬日》《假日》等优秀作品不断问世，1999 年他的水彩画《春之声》又入选了"第九届全国美展"。

三十多年的努力耕耘和人生积淀，使奚赛联在绘画创作上，形成了自己独特的风格。从风景到人物，无论是构图还是整体色彩的协调性，毫无矫揉造作之气，充满浑然天成之感。作为一个艺术家，奚赛联身上没有所谓的艺术家"派头"，却有着金庸笔下的"江湖大侠"之风，可谓是"侠肝义胆，有情有义"。有言道，画品如人品。细品奚赛联的作品，无不呈现出这种热烈而明快的色彩，使观者能真切地感受到画家内心的温暖及对大自然和世界的挚爱。

艺术来源于生活，来源于感受，来源于心灵。"读万卷书，行万里路""搜尽奇峰打草稿"这些古老的格言和中国画家的至理名言，也是奚赛联的艺术信条。从2005年起他开始周游欧洲，十年间游历了几十个欧洲小镇，一直在收获各种创作灵感。蔚蓝如洗的天空、明快大胆的色彩、自由悠闲的味道，都是一种真实生活中的艺术空间。他创作了许多以此为题材的水彩画作品。近年来，奚赛联在水彩画创作的同时，还热衷于油画棒（亦称固体油画）的探索和创作。美妙的光影、温暖的色彩、生动的画面，传达出画家心中的美好世界和对人生的乐观态度。

作为一位在水彩画领域有着卓著声誉的水彩画家，奚赛联的油画棒作品同样得到了艺术同行的肯定和赞誉。同仁们一致认为，赛联是一位"油性"很足的水彩画家。

（原载上海炎黄文化研究会《炎黄子孙》2023年第1期）

钦琼老城（固体油画）

正午（固体油画）

托雷多民居（固体油画）

古意今韵话柴聪

耿忠平

> 柴聪，1962年生于上海，现为中国书法家协会会员，上海市书法家协会会员，上海东元金石书画院院长，上海吴昌硕艺术研究会理事，上海炎黄文化研究会会员，上海宁波同乡书画院画师，上海炎黄书画院副院长。

柴聪，一个文静而有才气的篆刻家。2007年，他被评为上海十大青年篆刻家之一。开幕式那天，我向他道贺。他则淡然一笑道，是我的运气好，篆刻只是我艺术生活中的一种调味剂，今后的路还长着呢。我在他的作品前，品味出他话中的深切含义。

其实，柴聪也是一位颇具实力的山水画家。

很早就听说，柴聪喜欢画画，但一直没有见过他的作品。数年前，在"百乐雅集"展上，一幅颇有气势的山水画作品引起了我的注意。此图重峦叠嶂，林木蓊郁，溪水潺潺，烟云浮动……让人仿佛身临其境。那厚实而灵动的笔墨间，具有一种浑厚华滋的独特风格。这是我第一次见到他的作品，他扎实的传统笔墨功夫，给我留下了深刻印象。

前不久，做客瑞松堂品茗，巧遇柴聪。那天，他正好带了一大卷画来，从八尺整张，到盈尺小品，大大小小十多张作品，使我对柴聪的绘画有了更深的了解。

柴聪嗜古，闲暇时喜读古旧杂文，好旧玉、喜秦砖汉瓦，且乐此不疲。他的绘画自然也走传统一路，在如今这个提倡创新的年代里，似乎是落伍了。然而，仔细品味，又能体会出他作品中融入的现代绘画元素。他坦言："每个人都是有性格、有喜好和审美取向的。我嗜古，而非食古不化。在现实生活中，一个人不可能不受到时风的影响，有时是强迫的，但更多的是潜移默化，我如能从这无法抗拒的变化中，探寻出更符合自己的画风，也是一件乐事。"

浦东沉香人
（篆刻）

风格即性格。柴聪为人平和、内向、讷言，初识时至多一笑，与你对坐一个下午可以不说一句话，凡事好像只是一个倾听者。相处久了，其实他也是热心人，若知道朋友有事，他会主动相助，在不经意间给人以一种惊喜和慰藉。他的绘画亦是如此，淡淡的灰调，彰显的是一种外在的文静和儒雅；氤氲的水墨，洋溢的是一种内在的温润和醇厚。他借笔墨意趣写自然之景，抒发自己内心的真实情感。因此，他的作品也就和他的为人一样，都是可以咀嚼和回味的。

柴聪的作品以用墨见长，这得益于他对龚贤的偏爱。自习画至今二十多年间，他不断地临习龚贤的作品，其用墨之道令他受益匪浅。同时，他又研究、吸收和借鉴了米芾、吴镇、巨然和王蒙等的用墨特点，运用于创作中。用墨的腻、板、脏、闷是画之大忌。柴聪深谙其道，在长期的探索实践中，形成了泼墨与积染相结合的一套方法。即先泼墨，再以淡墨反复层层积染，由淡至深，达到淡墨淡而不薄，浓墨浓而透亮的效果。

他的绘画构图整体感强，有一种扑面而来的苍茫浑厚气势。我以为，这是他运用泼墨技巧的结果。大凡泼墨，

247

青山如黛图(中国画) 　　　　　　遥望青山烟霭云(中国画)

随意性强,这需要画家有随机应变的能力,作品就会打破常规、不落俗套。因此,从柴聪的作品来看,他很善于利用泼墨在宣纸流动、渗化的特性,以墨色的变化,作为构图的基础,在大开大合的穿插中,又将观者的视线引到了画外,引发无穷的想象空间。中国绘画是笔墨的艺术,泼墨有一定的自由,其缺点是少见笔,柴聪深谙其理。他依据墨色渗化、重叠的效果为表现物象,娴熟地运用他那富有金石气息的书法线条,时而是细致的皴擦,时而是简略带过,笔随墨而生发,墨就笔而生动。于是,长长短短的线条,大大小小的墨块,在浓淡、枯湿、虚实的节奏变幻中,出现了起伏跌宕的崇山峻岭,林木山泉,云蒸霞蔚……意象和具象在时空中交错融合,一切均于法度之中,

在浙江丽水采风留影

又超于法度之外。那浑厚苍茫，古意盎然的笔墨图式，是亦真亦幻的诗境，更是他"天人合一"人文精神的追求和生命体验。

一分耕耘，一分收获。柴聪是一个低调、踏实而勤奋的人，在艺术上他追求精益求精，注重自身修养，他以古人为师，以自然为师，在继承传统中求发展、求创造，努力构筑属于自己的笔墨语言。有理由相信，随着时间的推移，他的绘画将和他的篆刻一样，定会受到人们的关注和垂青。

（原载上海炎黄文化研究会《炎黄子孙》2021年第1期）

五、书画院艺术作品选刊

十年来，上海炎黄书画院先后聘任书画艺术家130余名。画家们为书画院历年举办的17个画展创作了油画、中国画、水彩画、版画、素描、瓷板画等多种表现方式的书画作品1374幅，真是"不数不知道，一数吓一跳"，其数量之大、题材之广、形式之多令人叹为观止。这些作品已经汇编在书画院历年出版印制的16本画册中。

"卷中始获窥全豹，更胜珍笼壁上纱。"因为篇幅有限，在此我们只选登了其中的极小部分作品，虽不能反映书画院艺术家的创作全貌，但正如鲁迅先生在《华盖集续编·有趣的消息》一文中所言："我们竟还能'管中窥豹'似的，略见这一部新书的大概。"

不落的明月 谭尚忍 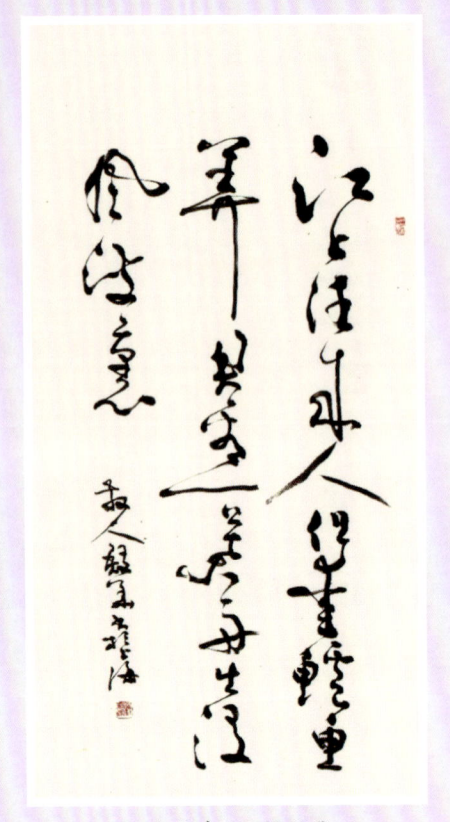 　　　　　　　　江上往来人 侯殿华

青山画意 碧海涛声 龙纯立

瀑布联句　吴孟庆

春趣　刘巽侠　　　　　　　　　上海印钞厂护厂纪念地　朱建明

燕归来 乔苏苏

春色 季崇宪

魏晋·阮籍《咏怀》 叶雄

华光向阳开 倪衍诚

晨曦 蒋寿龙

牺牲在莘庄火车站的上海青年　忻秉勇

上海工人"二月大罢工"　陆小弟

登黄山诗意图　诸黎敏

唐·杜甫《春夜喜雨》宣家鑫

闲 郑庆谷

春生雀飞聚不休 袁龙海

崖下观瀑图 吴华

烟雨图 林志铭

春风 陆金良

桃花源 郑文

唐代张志和词意图 耿忠平

白得凝香绕紫苞 吴可

清代高不骞诗句　李晓荣

柳永《望海潮》　吴良安

为纳兰性德造像　王俭

梅绽香风远 张钰敏

五月的上海 吕亚蕾

九色鹿 薛俊华

苏宁艺术馆 曹怡

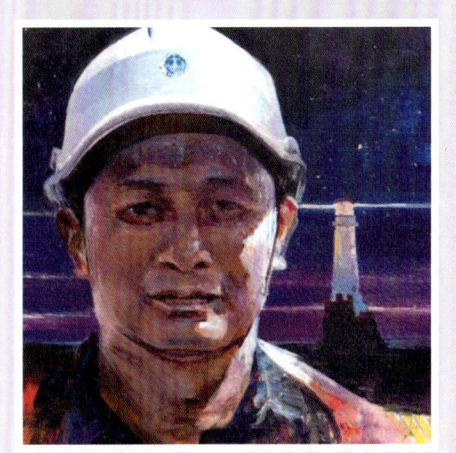

点燃自己照亮他人 贺寿昌

行者 韩颐

上海试剂总厂 李剑

雨后阳光 应海海　　　　　　　武宁路桥 冯正安

1921.7.1 王成城

吴淞炮台湾湿地森林公园 王悌龙

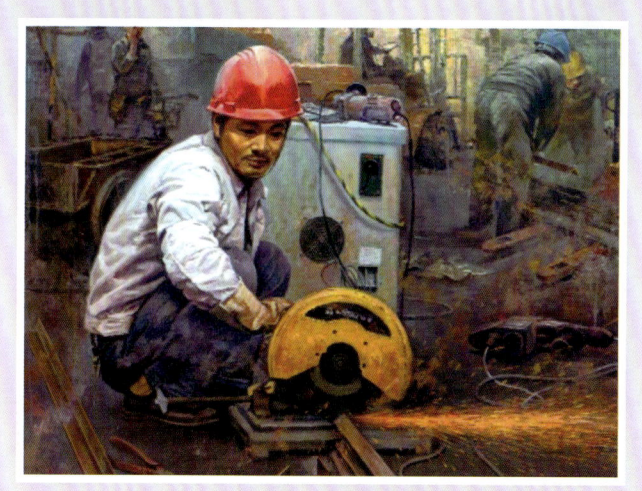

平凡·匠心 卫雷力

南浦广场 姜伟强

春的笑语 濮大铮

现代农业2 罗培源

南澳明灯·长山尾灯塔 林伟光

塘桥春色 王建祥

黄昏下的三棵树 钱逸敏

昌化路码头 张达兴

静安公园 韦献青

衡山公园 许余庆

藏风——姐妹 陆永生

遥街花影
徐晓东

老城
龚世俊

布拉格系列之三
贺子鉴

工地之光·曹杨新村园区建设者 王燕德

右王·日记 庄毅

致敬马远 陈小松

南汇渔港 黄小军

观沧海-8 吕洪良

长寿路桥 闫晓平

路过系列·春意融融 任敏

红色小车 姚冬青

好春光系列八
严焓

金山荟萃园
杨炀

奉贤海湾国家森林公园写意
陈华

我的风景
周子瑾

此情可待
陆毅

心事弥漫的模样 黄赛峰

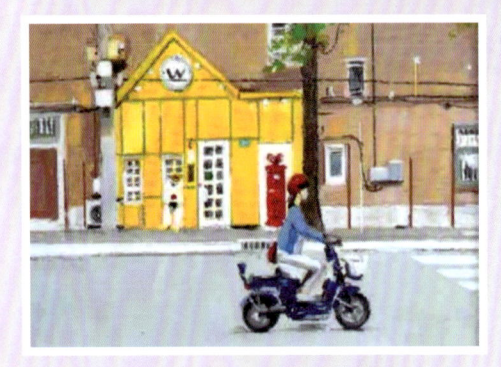

以爱之名·甜爱路 安静

中间时刻之二 周胤辰

远处的梵音 黄斌勇

月浦公园 赵艳秋

幽河寒林　汪硕

记忆空间　朱佳艺

苏河步道 黄菁菁

镇坪路桥 应玉清

大宁灵石公园 陈明园

本卷编后记

在时光的长河中，十年如弹指一挥间。然而，对于上海炎黄书画院来说，这十年是一段充满艺术追求和文化传承的旅程。

十年前，上海炎黄书画院在黄浦江畔的晨曦中复苏。十年来，带着对艺术的深深敬意和对生活的无尽热爱，上海炎黄书画院的艺术家们，坚持"源于生活"的创作理念，在火热的生活中寻找创作灵感，用画笔描绘时代的壮丽画卷。艺术家们以画为媒、以画为心，将社会主义新时代的发展变化、人民群众的精神风貌，融入自己的创作中。他们的作品，既有对过去的怀念，也有对现在的赞美，更有对未来的期待。他们的作品，如同一首首新时代的颂歌，让人们触摸到时代的脉搏，感受到人民群众对美好生活的向往和追求。

上海炎黄书画院的每一位成员，都是这段艺术旅程的参与者，一起经历风雨、共享阳光。大家深知，艺术并不是高高在上的神祇，而是源于生活、高于生活、反映生活的力量。上海炎黄书画院，既是承载梦想的平台，又是展示艺术魅力的舞台。在这里，每一位艺术家都可以在艺术旅途中，通过自己的创作，让作品走进千家万户，使更多的人感受到艺术的魅力，让艺术成为社会生活不可或缺的一部分。

这十年的艺术之旅，是艺术家们对生活的深情诠释，他们的每一幅画作都承载着对生活的热爱和对真善美的追求；这十年的艺术之旅，更是对社会主义新时代文化自信的坚定践行。艺术家们以传统文化为根基，融入现代元素，创作出具有时代精神的绘画作品，用画笔传递中华文化的博大精深。在此，谨对艺术家们十年来在创作中所付出的艰辛努力表示衷心的感谢并致以崇高的敬意。我们坚信，只有深入生活，才能找到艺术的源泉；只有扎根人民，才能创作出感动人心的作品。艺术家们用画笔讲述中国故事，传播中国文化，展现新时代中国艺术家的担当和使命。

艺术之旅，弹指十年。未来的路还很长，我们将继续致力于推广和普及书画艺术，更进一步坚持"源于生活"的创作理念，为书画艺术的传承和发展贡献自己的力量。

任重而道远。上海炎黄书画院的艺术家们将不负使命，勇往直前！

编者

2024 年 8 月 20 日

图书在版编目(CIP)数据

而立回眸 : 上海炎黄文化研究会三十年 / 上海炎黄文化研究会主编. -- 上海 : 上海社会科学院出版社, 2024. -- ISBN 978-7-5520-4601-4

Ⅰ.K203

中国国家版本馆 CIP 数据核字第 2024DB6041 号

而立回眸:上海炎黄文化研究会三十年

主　　编:上海炎黄文化研究会
书名题签:张　森
责任编辑:陈如江　邱爱园
封面设计:周清华
出版发行:上海社会科学院出版社
　　　　　上海顺昌路 622 号　邮编 200025
　　　　　电话总机 021 - 63315947　销售热线 021 - 53063735
　　　　　https://cbs.sass.org.cn　E-mail:sassp@sassp.cn
照　　排:南京理工出版信息技术有限公司
印　　刷:上海万卷印刷股份有限公司
开　　本:720 毫米×1000 毫米　1/16
印　　张:108
插　　页:16
字　　数:1757 千
版　　次:2024 年 12 月第 1 版　2024 年 12 月第 1 次印刷

ISBN 978 - 7 - 5520 - 4601 - 4/K・741　　　　　　　　定价:398.00 元

版权所有　翻印必究